中公新書 2762

土田宏成著

災害の日本近代史

大凶作、風水害、噴火、関東大震災と国際関係

中央公論新社刊

はしがき

一九二三（大正一二）年九月一日、神奈川県西部を震源とするマグニチュード七・九の大地震が発生した。震源近くの関東南部だけでなく東京の一部でも、現在の震度七に相当する激しい揺れとなった。その後、発生した大火災によって、首都東京とその周辺は甚大な被害を受ける。関東大震災である。

死者・不明者は一〇万五〇〇〇余人、被災地には戒厳令が布《し》かれ、大規模な軍隊が出動した。被害と混乱のなか流言が広がり、それを信じた日本人によって、朝鮮人や中国人、社会主義者などが殺傷される事件も起きている。震災後には復興事業により、都市計画に基づいた近代的な街並みが作り出された。

関東大震災は被害の規模や深刻さ、影響の大きさが桁《けた》違いの巨大災害だった。そのため近代日本の災害では、関東大震災に多くの注目が集まってきた。

他方で、それ以外の自然災害はあまり知られていない。関東大震災が衝撃的であったため、その影に隠れてしまったのだろう。二一世紀の現代まで災害といえば地震であり、関東大震災、阪神・淡路大震災、東日本大震災という「大震災」に関心が集中している。その他の災害も、決して被害が小さかったわけではないにもかかわらずだ。

災害の種類だけでなく、いったん日本という限定も取り払ってみよう。日本は「災害大国」だ。しかし、世界各地でも大きな自然災害は起きている。本書で扱う二〇世紀初頭は、特に大規模な自然災害が相次いだ時期だった。

日露戦争終結直後の一九〇五（明治三八）年秋、日本の東北地方を天明《てんめい》・天保《てんぽう》の大飢饉《だいききん》以来といわれる大凶作が襲った。一九〇五年東北大凶作である。宮城・岩手・福島の三県を中心とした被災地の惨状は、新聞などが大きく取り上げ、一〇〇万人が餓死の危機にあるとさえいわれた。義援の金品は国内だけでなく、国外からも届いた。

一九一〇（明治四三）年八月、東日本で梅雨前線や台風の豪雨による大水害が発生した。全国の死者・不明者は一三五九人にのぼり、首都東京も広域にわたって浸水した。特に関東地方の被害が大きかったため、「関東大水害」とも呼ばれる。この水害をきっかけに政府は本格的な水害対策に乗り出した。東京では都心の浸水を防ぐために、当時荒川《あらかわ》の下流部であった隅田川《すみだがわ》の水を東に迂回《うかい》させる荒川放水路（現荒川の本流）の工事が始まった。

一九一七（大正六）年九月三〇日から一〇月一日にかけて強い台風が日本列島を襲い、高潮や暴風、豪雨による被害が発生した。一九一七年東京湾台風である。全国の死者・不明者は一三二四人にのぼった。特に東京湾北部沿岸の高潮被害が深刻で、東京の死者・不明者は五六二人であった。

世界に目を向けると、一九〇二年五月カリブ海に浮かぶフランス領マルティニーク島のプレー山が大噴火し、三万人の死者が出た。一九〇六年四月にはアメリカ・サンフランシスコを大地震が襲った。直接、間接の死者は三〇〇〇人以上とも推定されている。一九〇八年一二月にはイタリアでメッシーナ地震が発生、死者は八万二〇〇〇人とされる。一九一〇年一月にはフランスのパリが歴史的な大洪水に見舞われている。

二〇世紀初頭、関東大震災以外の災害や、日本以外の地域で起きた災害にも目を向けると、関東大震災の見え方も変わってくる。

本書は約一〇〇年前、二〇世紀初頭に日本を襲った大規模な地震、風水害、噴火、凶作など、いまでは忘れられつつある大災害を取り上げる。それら災害の実態から当時の対応、復旧・復興、その後への影響、さらには国際的な支援の広がりまでを扱う。特にこの時期、日本と欧米諸国、中国をはじめとするアジア諸国との間で、相互に災害支援が行われ、外交手段の一つとしての様相を見せるようになる。本書では日本や世界各地で巨大災害が続発した二〇世紀初頭に注目し、災害が国際関係に与えた影響も論じる。

関東大震災から一〇〇年の節目を迎え、より広い視野で関東大震災を中心とする諸災害を顧みることは、二〇一一年三月に起きた東日本大震災からの復興、将来の南海トラフ巨大地震・首都直下地震、風水害、噴火などに対する備えの参考ともなろう。

目次

災害の日本近代史

——大凶作、風水害、噴火、関東大震災と国際関係

凡　例

・引用文中の旧漢字は新漢字に、カタカナはひらがなに改めた。また句読点を補ったところがある。

・史料からの引用では、現在では不適切な表現もあるが史料の正確な理解のためにそのままとした。

・当時の金額を現代でもイメージしやすいように、永原慶二監修『岩波　日本史辞典』（岩波書店、一九九九年）一七六五頁所収（表）「給与と所得の変遷」を基に大卒社員の初任給を適宜参考として掲げた。ここでの大卒社員とは、一橋大学の前身にあたる学校を卒業し、三井物産に入社した者である。

・敬称は略した。

序章 頻発する自然災害

——二〇世紀初頭の世界

世界で多発した災害

関東大震災が発生した二〇世紀初頭は、大規模な自然災害が相次いだ時期だった。次のように日本をはじめ世界各地で地震や噴火、洪水などによる被害が多発していた。


一九〇二年五月、カリブ海のフランス領マルティニーク島プレー山大噴火、死者三万人。

一九〇五年秋、日本の東北地方で大凶作。

一九〇六年四月、アメリカでサンフランシスコ地震。死者三〇〇〇人以上。

一九〇八年一二月、イタリアでメッシーナ地震、死者八万二〇〇〇人。

一九一〇年一月、フランスのパリで大洪水。

一九一〇年八月、日本の関東地方を中心に大水害。死者・不明者一三五九人。

一九一四年一月、日本の桜島が大噴火。死者・不明者約六〇人。

一九一七年九月〜一〇月、日本の東京湾岸を中心に高潮被害。死者・不明者一三二四人。

一九二三年九月、日本で関東大震災。死者・不明者一〇万五〇〇〇余人。

注目すべきは、こうした災害が他国にも報道され、広く知られただけでなく、後述するように国境を越えた義援、救援、調査研究などの活動も行われていたことだ。災害対応は、新たな災害を経験するごとに、その教訓を踏まえ、見直されていく。これは国内の災害はもとより、他国の災害についても同様だった。

一九〇二年五月のプレー山噴火

一九世紀の日本でも、他国の災害への見舞いや義援は行われたが、それが外交課題として認識されるようになったのは、一九〇二年のマルティニーク島プレー山の大噴火からである。マルティニーク島はカリブ海の西インド諸島にあるフランス領の島だ。一九〇二年五月八日には火砕流が発生、島の中心地であったサン・ピエールの街を全滅させ、約三万人の死者を出した。

災害の発生を受け、パリに駐在する本野一郎《もとのいちろう》公使から桂太郎《かつらたろう》内閣の小村寿太郎《こむらじゅたろう》外相宛に電文が届いた（「仏領西印度マルチニック島噴火一件」、外務省記録「天災関係雑件」第二巻、外務省外交史料館所蔵、以下、本史料による）。そこには、被害状況と、いくつかの大国はすでにフランス政府に弔辞《ちょうじ》を送っていること、日本政府も弔辞を送ることが望ましいことが記されていた。小村外相は、日本政府からの弔辞をフランス政府に伝達するように本野公使に命

廃墟と化したサン・ピエールの街，1902年5月　カリブ海の仏領マルティニーク島プレー山が大噴火し火砕流が街を襲った

じた。

さらに、本野公使はこの災害に関してヨーロッパの各国元首が弔辞を送っているだけでなく、被災者のために義援金を送っていることを、イギリス国王は二万五〇〇〇フラン、ドイツ皇帝は一万マルク、スウェーデン国王は五〇〇〇フランと、具体的な金額を示して伝えてきた。明治天皇からも弔辞と義援金を送るべきだと考えてのことである。

小村外相は、本野公使からの電文を田《た》中光顕《なかみつあき》宮相に転送した。田中宮相は、天皇からフランス大統領に弔辞を伝えるように御沙汰《ごさた》があったから、本野公使にその旨を伝えるよう、小村外相に指示した。ただし、そこには義援金については触れられていなかった。

それを受けて本野公使はフランス大統領に天皇からの弔辞を伝えたが、さらに小村外相に対して天皇から義援金を送るよう、次のようにより明確な意見具申を行った。

ほとんどすべての文明国の元首は義援金を送っている。その額は五〇〇〇〜二万五〇〇〇フランである。わが皇室からも同様のことをするのが大いに望ましい。金額はアメリカの二五〇万フランからシャム国王の二五〇〇フランまで差はあるが、文明国を称する国の元首からは義援の動きがある。わが皇室よりも思いやりの気持ちを海外に示すことが適当だと思う。

本野公使の意見は採用され、天皇から一万フランを下賜し、それを小松宮彰仁親王《こまつのみやあきひと》からフランス大統領に渡してもらうことになった。小松宮は、ちょうどイギリス国王の戴冠式《たいかんしき》参列のため、ヨーロッパに派遣されていたからだ。

このように、フランスに駐在し各国の対応を見ていた本野公使からの報告と意見によって、天皇からも相応の義援金が送られることになった。イギリスに向かう途中の小松宮がフランスに立ち寄り、フランス大統領と会見したのはマルティニーク島プレー山の大噴火から一ヵ月後の六月初めだったが、その際に義援金も送られた（『東京日日新聞』一九〇二年六月六日）。

日本国内に広がる義援の動き

その後、義援の動きが日本国内に広がっていく。

六月一二日に美子《はるこ》皇后（のちの昭憲《しょうけん》皇太后）は、駐日米国全権公使アルフレッド・イー・バック夫人の願出を受け、マルティニーク島の被災者救助の補助として同夫人に五〇〇円を下賜した（『昭憲皇太后実録』下巻）。

政府高官・華族の夫人と駐日外交官夫人が発起人となった義援金募集も行われている。桂太郎夫人、田中光顕夫人、青木周蔵《あおきしゅうぞう》夫人、さらにアメリカ、オーストリア、ロシア、イタリアの各公使夫人らだった。六月一九日を締切りとし、二一日にフランス公使館で園遊会を開いて義援者を招待することにしていた（『時事新報』、『読売新聞』一九〇二年六月一四日）。

六月二一日夜八時三〇分からフランス公使館で、義援者を招いて夜会が開かれた。庭園と館内の二ヵ所に舞踏場が設けられていた。フランス公使は玄関に立ち来賓に挨拶《あいさつ》し、九時になると美しい奏楽とともに庭園でダンスが行われた。立食後、さらに室内でダンスが行われ、散会したのは一一時頃だった。

来賓は二〇〇人以上で閣僚や伊藤博文《いとうひろぶみ》も出席予定だったが、ドイツのザクセン国王が崩御したため遠慮したという（『東京朝日新聞』一九〇二年六月二三日）。

義援金募集の結果は甚だ良好とされ、東京・横浜を通じて八〇〇〇円弱（当時大卒社員の初任給が三〇円）の額に達したと報じられている（『東京朝日新聞』一九〇二年七月三日）。

貧しい日本が他国に義援金を送る意味

他方で『読売新聞』の時事評論「一家言」は、こうした義援金の募集について、その志《こころざし》はとても美しいけれども、おそらくは日本人の行為としては不釣合だろうと述べ、さらに以下のように記していた。

日本の人口は四〇〇〇万人だが、欧米のような都会はなく、東京の銀座でさえ、欧米の小都会の裏通りに比べても遜色《そんしょく》がある。五万円の資産家がいまだに財産家として世間で大騒ぎされる、憐《あわ》れではかない国だ。中流の人々の収入は外国の召使いの給料にも及ばない。挙国一致で寒い煙を立てて、「乞食」同然の生計を営みながら、隣国の救助とは少し異様である。ただし、発起者の志は美しく、貧乏人に似合わないように見えるのは、われわれの大いに嘆賞するところだ。（『読売新聞』一九〇二年六月一五日）

日本は欧米に劣った貧しい国という認識である。

一九〇二年五月のマルティニーク島プレー山噴火時における日本の対応をみると、他国の災害に対して弔意を表することの必要性は認識されていたものの、義援金に関しては政府や皇室でさえ十分に認識できていなかった。先にみたように、本野一郎駐仏公使から他国の動向と、義援金を送ることが「文明国」の務めとの意見が伝えられ、ようやく日本国内にも義援の動きが広がった。日本人・外国人合同の義援金募集、駐日フランス公使館で開催されたパーティなどを通じて、政府関係者や華族の間にそうした認識が広まった。

一方で、そうした行為は美しいことだと認めながらも、貧乏国である日本が、他国のために義援金を送るのは不釣合だという意見も存在した。そのような日本に他国の災害への支援の価値を実感させる機会は、それから三年後、日露戦争終結直後に訪れることになる。日本自身が支援対象となったからだ。

本書の構成

二〇世紀初めは、大規模災害への対応が国内問題としてだけでなく、国際問題・外交問題ともなっていった時代であり、日本もそこに加わっていく。本書では世界史のなかに日本の災害も位置付けていく。

以下、第**1**章では、日本が外国からの大規模な支援を受けることになった一九〇五年東北大凶作と、日本が外国の災害を大規模に支援することになった一九〇六年サンフランシスコ地震を取り上げる。この二つの災害への対応は、時期的にも重なっていた。日本は、外国からの支援と外国への支援を同時に体験し、国際的な災害支援の重要性を知る。

第**2**章では、その後、日本の国際的な災害支援がどのように発展し、定着していくのかを、一九〇六〜〇八年にかけて起こった中国の水害、一九〇八年イタリア・メッシーナ地震、一九一〇年パリ大洪水への対応を事例に検討する。

第3章では、一九一〇年に起こった関東地方を中心とする大水害を取り上げる。近代日本の治水対策が大きく見直されることになった水害だが、軍隊による救援活動が本格化したり、政財界が協力して国家的な義援活動を展開するなど、災害対応の面でも画期となった。

第4章では、一九一四年の桜島大噴火を扱う。同噴火への対応では、これまでの災害の経験が参考とされ、同様の対応であっても、規模やスピード、手法は進化していた。

第5章では、一九一七年に当時東京での観測史上最低気圧を記録し、大規模な高潮と強風による被害をもたらした東京湾台風を取り上げる。その教訓により、災害対策の見直しが行われた。そこでつくられた態勢で関東大震災を迎える。

第6章では、一九二三年に発生した日本近代史上最大の自然災害として有名な関東大震災を扱う。地震と火災によって首都東京は壊滅的な被害を受けた。未曽有《みぞう》の災害に対して、これまでの災害経験や整備されてきた防災態勢はどこまで有効だったか。関東大震災の経験や教訓は、その後の時代にどのような影響を及ぼしたのか。

終章では、二〇世紀初頭の災害が、当時、そしてその後の日本社会に持った意味について考える。

第1章

東北大凶作とサンフランシスコ地震

1 天明・天保以来の飢饉——一九〇五年東北大凶作

日露戦争直後の大凶作

一九〇五（明治三八）年九月五日、アメリカの仲介による日露戦争の講和会議で、ポーツマス条約が調印された。

講和条約調印により、兵士の帰国が始まったが、ちょうどその頃から、東北地方を中心に冷夏による深刻な凶作が起きていることが明らかになってきた。

米の収穫高は、平年に比べ、宮城県で八割七分減、福島県で七割六分減、岩手県で六割六分減と深刻だった。江戸時代に多数の餓死者が出たことで有名な天明の飢饉（一七八二〜八七年）・天保の飢饉（一八三三〜三六年）以来の大飢饉といわれることになる（『福島県凶荒誌』、『明治三十八年宮城県凶荒誌』）。

一一月頃から新聞も凶作問題を大きく取り上げ始めた。『時事新報』はいち早く凶作地に特派員を送り、一一月五日から「東北凶作視察」と題する連載を始め、凶作地の惨状を伝えた。七日には「東北地方窮民救恤金《きゅうじゅつきん》」の募集を開始し、他の新聞も続いた（『楚人冠《そじんかん》』）。政党も宮城、福島、岩手の三県の現地調査に乗り出し、一二月には明治天皇も三県に侍従を派遣している。

政府も救済策をとった。それは被災各県で耕地整理や道路改修、開墾、植林、桑園《そうえん》の造成、被災者への種籾《たねもみ》、肥料、副業用の器具の給与などを実施し、そのための資金として政府系金融機関からの融資、罹災《りさい》救助基金（府県による災害救済のための積立金、一八九九年制定の罹災救助基金法に基づく）、義援金を充てるというものだった。

政府は、雇用を生み出し、被災者に収入の道を開くとともに、産業の振興もねらっていた。ここでは「自活」が重視され、被災者の生活を直接支援する食料品や金銭の給付はなるべく避ける方針だった。

現地からの報道

新聞各社は特派員を送り込み、現地の悲惨な状況を報じた。『東京朝日新聞』から派遣された、のちに名文家として知られる杉村楚人冠《すぎむらそじんかん》は、一九〇六年一月二五日から「雪の凶作地」と題する連載を開始した。適宜、挿絵も付されてリアルな状況を伝えている。

最初に入った福島県の山奥のある村では、総戸数五〇〇余戸のうち三二五戸は「窮民」、

宮城県の窮民の家　「雪の凶作地」河合英忠による挿絵，『東京朝日新聞』1906年２月２日

つまり生活困窮者に属し、そのうち近隣の助けがなければ餓死しそうな者が二四戸あると聞く。楚人冠はその二四戸を訪ね、窮状の最も甚だしい者について次のように記している。

　三〇歳くらいの女性は、夫は肺病で死に、上は一四歳、下は四歳の三人の子どもを養っていた。草履《ぞうり》を作って生計を立てようとしたが思うようにはいかず、凶作のため誰も雇ってくれず、人の情けに頼ってその日その日を送っていた。一軒家の障子は、紙が破れ骨が露《あらわ》になっていた。一同は焚《た》き火に当たっていたが、三人の子どもも、父親と同様に結核に罹《かか》っているようだ。刻みかけの干し菜があったので、これを食べるのかと問うと、近所からもらってきて、ゆでて刻んだものだという。人に教えられて、楢《なら》の実（どんぐり）を試してみたけれど、渋くて食べることができなかったと、その女性は泣き顔をしつつ笑った。

　楚人冠は、生活困窮者の悲惨な実態を描きながら、「窮民」に二種類あると指摘する。それは、自ら田を作っていたが凶作により失敗した者と、田は作らないが凶作により賃仕事を失ったために生活に窮するに至った者で、いまの「窮民」の多くは後者に属する。楚人冠は、今回の飢饉は凶作で米が不足したから起きた単純な飢饉ではないとした。

楚人冠は宮城、岩手、さらに青森へと被災地を訪ね歩く。

各地で日露戦争に出征した兵士の家族の困窮も目撃する。ある家族では留守を預かって生計を立てるのは、その弟と妻だが、老夫婦と子ども三人で、家族は七人である。顔が蒼色《そうしょく》の一〇歳の子どもが言うには、父から近頃音信はなく、食事は菜と大根を刻み込んだ南京米《ナンキンまい》（輸入米）だけだった。それを日に一回または二回食べるという。楚人冠は見るに見かねて白銅貨一個を与え、こう記している。出征兵士の家族が餓えに泣いているのは、これら一、二の事例にとどまるのだろうか。

紙面には、凶作被災地での「餓死凍死」を伝えるニュースや、義援金募集と義援者の氏名も掲載された。他の新聞や雑誌でも同様の報道がなされていた。

有力者の義援金募集

大凶作が伝えられると、宮城・福島・岩手の三県に関わりを持つ有力者による大規模な義援団体も組織された。一九〇六年一月、新聞社と三県出身・選出の貴族院・衆議院議員の協力によって、三県の旧藩主と両院議員が発起し、東京の各新聞社が協賛する義援団体「東北三県救恤会」が設立された。

委員長には、貴族院勅選議員の富田鉄之助《とみたてつのすけ》（仙台出身、元日本銀行総裁）が就いた。事務所は東京京橋の宮城屋貯蓄銀行に置き、全国の篤志家《とくしか》から義援金を募集することにして、一月二六日に趣意書を発表し、各紙に掲載された。

趣意書の冒頭で、東北三県の凶作はこれを古老に尋ねても天保の大飢饉に劣らないとして、今回の凶作を約七〇年前に起きた天保の大飢饉に匹敵するとした。そして、救済が不足している現状を次のように述べている。

各官庁では耕地整理その他の諸般の救済計画を立て、地方有志及び団体はあらゆる救援を行っているが、いまやその余力を残していない。町村役場の機能が停止しそうで職員も頭を抱え、教育機関もまた停止して子弟は学ぶことをやめている。

三県は戦時の負担に全力を傾注したため、米や粟《あわ》の貯《たくわ》えもなく、幾十万の窮民はそれぞれ不自然な死がその身を襲うことを恐れ、山に木皮を拾い、野に草根を掘ることで飢餓をしのいできたが、これさえも残っていない。家族は各地にさまよい、倒れ、物乞《ものご》いとなってしまう者も多い。しかもいまや雪は深く、ひどい寒さと飢えが次第に窮民を襲い、このままでは餓死者が路上に横たわる大惨状となる。

趣意書では、日露戦争の負担が凶作の被害を大きくしたとの認識も示されていた。

東北三県救恤会の会合には新聞社や通信社の代表も出席し、趣旨に賛同し、できる限り協力することになった。東北三県救恤会は、四月一〇日の解散までに、約一七万六〇〇〇円（当時大卒社員の初任給が三〇円）を取り扱うこととなる。

東北三県凶作は在日外国人を通じて海外にも知られることとなった。なかでも東北在住の外国人キリスト教関係者らによって組織された外国人凶作救済委員会は積極的な活動を展開し、日本在住の外国人のみならず、海外にもその状況を伝え、義援への協力を呼びかけた。

日本の在外公館には、凶作の状況と義援に関する問い合わせが寄せられた。なお、この間、桂太郎内閣は総辞職し、一九〇六年一月七日に立憲政友会を与党とする西園寺公望《さいおんじきんもち》内閣が成立している。

一月一五日に加藤高明《かとうたかあき》外相は、林董《はやしただす》駐英大使宛に本件に関する日本政府の回答を電信で示した。そこでは、東北凶作はその後の調査によればますます甚しく、地方人民の困難は少なくない。政府はさまざまな救済の手段を取りつつある。目下の計画では外国人の寄贈金を当てにしていないが、慈善家の義援は喜んで受領する。ただし救済方法は各種の事業を起こして生活困窮者に職業を授け、彼らに依頼心を起こさせないようにし、もっぱら自立させる方針なので、義援金の使用方法は政府に一任することを望む、というものだった。これは在英大使館から在米公使館にも転送されている（「変災及救済関係雑件　東北地方饑饉《ききん》救助之件」第一巻、第五巻、外務省外交史料館所蔵、以下、外交に関わる記述は本史料による）。

使い道は日本政府に一任するという条件付きで、日本政府は外国からの義援を受け入れることとした。被災者を「自立」させるという方針は前内閣と同様である。

日本政府が受け入れの意思を示したことで、海外での義援の動きが盛んになっていく。

海外での支援の動き

宮城・福島・岩手の三県に分配された義援金の総額は約一九三万円で、そのうち海外からの金額（在日外国人からの義援も一部含む）は約一〇四万円と全体の五〇％を超えた。国別の金額ではアメリカ、イギリス、清《しん》国の順であり、特にアメリカからの義援金は海外の義援金の五〇％以上を占めていた（「東北三県凶作と海外からの救援活動（一）」）。

アメリカでは、『クリスチャン・ヘラルド』紙が積極的な活動をみせた。同紙の経営者ルイス・クロプシュは一九〇六年一月二三日に天皇宛に電報を送り、これまでにも災害に苦しむインド、中国、ロシア、キューバ、プエルトリコ、フィンランド、スウェーデン、ノルウェーを救助するために二五〇万ドルを分配した実績を述べ、日本の北部諸県の飢饉被災者のための救援に着手しようとしているので、同紙が日本政府向けの義援金を募集することを天皇に許可（authorize）してほしいと要望してきた。

一月二六日、加藤高明外相は日置益《ひおきえき》駐米代理公使宛に、同社の好意に感謝し、任意の義援金は喜んで受領するが、義援金募集の関係で天皇の名前が出ることは望ましくない、と回答するよう指示している。

一月三一日、天皇・皇后より宮城県に二万五〇〇〇円、福島県に一万五〇〇〇円、岩手県に一万円が救済のために下賜された（『明治天皇紀』第一一）。皇室からの被災地への義援は、これまでも行われてきたことである。続いて内閣、官庁、衆議院でも義援の動きが広がった。

そうしたなか、アメリカで義援に関わる大きな動きがあった。二月一三日、日置駐米代理公使は加藤外相宛の電信で次のように伝えてきた。

アメリカ赤十字社は大統領指揮の下に東北の被災者のため義援金募集に着手し、昨夜同社役員らは大統領と会議のうえ方針を決定した。今朝、大統領は本官を呼び出し、義援の呼びかけ文を示した。大統領は、日本の今回の災厄《さいやく》に深く心を痛め、熱心に救助に尽力しているので、本官は厚く謝辞を述べた。政府より相当の挨拶があることを希望する。またアメリカ赤十字社は義援金の配分を日本赤十字社に委託したいと申し出たので、同社の承諾を得るよう取り計らってほしい。

米大統領の呼びかけ

セオドア・ルーズベルト米大統領は一九〇六年二月一四日に声明を発表した。その内容は次のようなものだった。

日本の北部の凶作は、われわれが当初推測していたよりもはるかに惨澹《さんたん》たる状況で、飢餓に瀕《ひん》する者は数千人に及んでいる。このようなことはいかなる国でも避け難い災難である。困難に際して互いに救助し合うべきは、国民と国民の間でも、個人と個人の間でも異なることはない。私はアメリカ国民がその余裕を割いて、友邦である日本の窮民を救助することを切望する。寄付金はアメリカ赤十字社へ送付してもらいたい。同社はこれを日本赤十字社に転送し、その使用方法は日本政府の指揮によることになろう。

大統領が先頭に立っての義援金募集は、日本で感謝と好評をもって迎えられた。たとえば、『東京朝日新聞』(一九〇六年二月一七日)の「米国大統領と飢饉」では、次のように述べている。

ルーズベルト大統領は日本の飢饉に対する義援金を米国民に勧めたとのこと。誠にもって驚喜である。その最親最善の一友国に対する信義と優しさにほとんど感謝の言葉も見つからない。飢饉地の窮民は必ずこれによって精神的に物質的に喜び安心し、蘇生《そせい》するであろう。われわれは謹んでその同情を受けるほかない。ルーズベルト大統領が聞くか聞かないかに関係なく、この思いを紙上に述べる義務に従事することを光栄とする。

『時事新報』（一九〇六年二月二〇日）も「米国大統領の厚誼《こうぎ》」と題して、その声明を引用し、次のように記している。

ルーズベルト氏の人格の偉大なことは、いまさら申すまでもないところで、殊《こと》に人道のために尽瘁《じんすい》して止《や》まない義気は、日露講和会議の仲介の労を執ったことでも証明されるのみならず、今度は自ら進んで東北三県の飢饉について呼びかけ文を発したのをみてもますますその偉大なことがわかる。日米関係はいっそう親密化していくだろう。

他方で、外国からの支援は、日本の政府当局者や国民による支援の不十分さや、外国の好意に応えることの重要性を浮き彫りにした。

セオドア・ルーズベルト

先の『東京朝日新聞』の「米国大統領と飢饉」は、次のように記している。

飢饉は全国的なものではない。一地方の凶作くらいは官民一致で必ず救済できるはずで、この文明の世の中で本来は餓死者など生まないはずである。しかし、実際に起きていることは少し遺憾である。官民共にさらに奮発を必要とする。

同じく『時事新報』の「米国大統領の厚誼」でも、皇室や全国の国民、イギリスの篤志家や在留外国人などから、多くの義援の金品が集まっているのに、凶作地で餓死者や凍死者を出すようなことがあっては耐えがたい。義援の金品の分配について、東北三県の当局者はよくよく注意を加え、世間の慈善家の好意に背かないようにしてもらいたい、と述べていた。

西太后の多額義援金

日本政府もアメリカの厚誼に背《そむ》かないよう各県の当局者に指示していた。原敬《はらたかし》内相は、一九〇六年三月一日、米国からの義援金を三県の知事に分配すると同時に、次のような訓令を発し、その取り扱いについて注意を与えている。

義援金は到着ごとに送付するので、大統領並びに募集の任にあたったアメリカ赤十字社の好意とアメリカ国民の義気とをよく理解し、アメリカの上下の人々の趣旨を県下に周知させ、最も丁重に、最も迅速に取り扱い、努めてその厚誼に背かないようにせよ。

この訓令は政府広報紙『官報』(一九〇六年三月一四日)に掲載された。以後、東北の凶作に関する義援金や救済事業に関する記事が連続して『官報』に掲載される。凶作対応が国内外の注目を集めるなか、政府がその施策について直接的に情報発信する必要を感じたからだろう。

三月一四日には清国の西太后《せいたいこう》が一〇万両という多額の下賜をするとの連絡が内田康哉《うちだこうさい》駐清公使に届いた。一〇万両は日本円で一五万円余である。一六日には横浜正金《しょうきん》銀行に電報為替で送られた。

内田公使は、本件に関してはとりあえず本官より深謝を表しておいたが、日本政府の謝意を速やかに本官から伝えるようにしたい。また、今回のような恩賜は前例がないとのことなので、特に天皇陛下よりご挨拶されるのが好都合だろうと、日本が国を挙げて感謝の意を示す必要を、外相を兼任する西園寺公望に伝えた。

西太后

三月一七日、西園寺外相は内田公使に対して、西太后陛下がこのように本邦人の福利のために心配されるのは、日本政府の感銘するところで、被災者はもちろん、本邦人一般も陛下に深く感謝するだろう旨を、西太后に伝えるよう指示した。さらに、三月二〇日には同様に天皇からの謝意を西太后に伝えるよう命じている。

アメリカには、七月に天皇から大統領宛に感謝を伝える天皇自筆の親翰《しんかん》も送っている。

政府と議会の対応

日本の各政党も凶作地に所属議員を派遣し、対策を検討するなど、凶作問題に熱心に取り組んだ。彼らは主に被災者の土地に関わる税金（地租）の免除を目指した。そのためには立法措置が必要だった。

当時、自然災害の被災者に対する地租免除は、水害を原因とした場合に限られ、それ以外は延納しか認められていなかった。衆議院（政党）はこれまでにも地租免除となる自然災害の範囲を拡大しようと試みてきたが、政府（大蔵省）と貴族院によって阻まれてきた。大蔵省と貴族院は、地租免除の拡大が、豊作・凶作にかかわらず増減をしないという地租条例の原則を否定することを懸念し、慎重、または反対だった（『近代日本の課税と徴収』）。

ところが、今回の凶作では、政党だけでなく政友会を与党とする西園寺内閣も地租免除を検討する。寺内正毅《てらうちまさたけ》陸相の日記によれば、一九〇六年一月一六日の閣議で東北凶作の租税免除の件も議題となっていることが確認できる（『寺内正毅日記　一九〇〇〜一九一八』）。

政友会や憲政本党は、一九〇五年に限って天候不良を原因とするものについても地租を免除する法律の制定を目指した。

二月九日、衆議院で地租免除の請願を取り上げた委員会の質疑に政府委員として出席した菅原通敬《すがわらみちたか》大蔵省内国税課長から、今回の凶作を特殊例外的なケースと位置付け、免租法案が提出されれば政府は反対しない旨の答弁が行われた。

菅原課長は、凶作の程度が天保の飢饉以来の惨状を極めていること、またちょうど日露戦争に際し、働き手である成年男子が従軍して不在だったこと、空前なる重税、その他、兵士を慰問するための献金、国債の応募など、種々なる負担が人民に課せられていたことを挙げている。つまり、歴史的な大凶作と戦争が重なったことを特例の理由とした。

二月一七日、衆議院本会議に地租免除の法案と、凶作地の窮民の救済およびそのための予算提出を求める建議案が提出された。

前者の地租免除法案は、二月二一日の同法案の委員会で、地租免除に該当する土地についてすでに徴収した地租を還付することを明示するための条文が追加されたうえで可決され、二二日の衆議院本会議でも可決。貴族院でも同法案の審議は政府と同様の考え方で進み、三月三日に可決された。

ただし後者の凶作地窮民救済建議案の審議過程では、政府は厳しい財政状況を理由として新たな支出を伴う対策を渋った。この建議案は「東北三県救恤会」の義援金募集趣意書に見られた内容をさらに強調、凶作の程度を天明、天保の大飢饉にも勝る惨状と述べ、飢えと寒さで数十万の窮民が座して死を待つの悲境にあるとして、政府にただちに予算を提出し、窮民の焦眉《しょうび》の急を救うことを求めていた。

なお、建議案の理由書では、東北三県凶作地の窮民数は、総計約一〇〇万人の多数に達していると述べられていた（『原敬関係文書』七）。

質疑では凶作地選出の衆議院議員が凶作地の惨状を訴え、政府に対応を迫った。議員の一人は、一〇〇万の人民が餓死しようとしていて、天皇皇后両陛下より五万円、遠くイギリスより一万円、アメリカの大統領は国民に呼びかけ二万円を送ってきてくれた。海外からでさえ志や思いやりのある人びとは相応の義援をしているのに、政府は何をしているのかと批判した。

原敬内相は一〇〇万人が餓死しつつあるという事実はないとし、新たな支出を認める答弁は最後まで避けたが、建議案そのものには反対しなかった。建議案は委員会で採択され、衆議院本会議でも三月一日に可決された。

同月、政府は追加予算案のなかに、凶作によって教育費の確保に苦しんでいる東北三県の町村を支援するための貸付金三〇万円を計上した。貸付金には当初、通例の年率五％の利子が付されていた。しかし、議員から被災地への貸付けであることを理由に無利子貸付けの希望が出され、可決された。

なお、町村が借入を行う際には、法令（町村制や地方学事通則など）で主務大臣（内相・蔵相・文相）の許可を得るように定められていたが、その内容や緊急性に鑑《かんが》みて、県知事で許可を出すこととなった（明治三九年勅令第九八号）。

また、郵便貯金を原資とする大蔵省預金部資金の活用も行われた。大蔵省預金部が、日本勧業銀行（農・工業の振興を目的とした政府系金融機関）が発行する勧業債券を購入し、同銀行を通じて凶作地の県に対して救済事業を行うための資金一二五万円を低金利で供給したのである（『大蔵省預金部史』、『日本勧業銀行史』）。

一九〇五年東北大凶作が変えたこと

一九〇五年の東北三県を中心とする凶作が、収穫高が平年よりも六六～八七％も減少するというきわめて深刻な歴史的凶作であったことは間違いない。それに加え、日露戦争の直後に発生したことが、国際的にも、国内的にも特別な意味を持った。

この時期、日本は世界の注目を集める存在になっていた。また当時、世界的に他国の災害に対する支援を行う動きが広がっていた。そのため一九〇五年東北大凶作に対して、世界各地から義援金が送られてきた。それは日本国民を感激させた。他国の災害に対する支援の意味や効果を日本は身をもって知った。

日露戦争の勝利に貢献した国民は、戦争のために犠牲や負担を背負わされていた。それは日比谷焼打ち事件のように爆発することもあった。政府や貴族院は、それまで反対していた凶作を原因とする地租免除についても容認せざるを得なかった。さらに政府は、厳しい国家財政のなかで、被災県への無利子貸付けや、郵便貯金を活用した低利資金の供給を実施した。後者は政府による地方資金融通の最初の事例とされる。

非常時には、平常時には認められなかったことが、「特例」として認められることがある。しかし、あることがいったん認められれば、それは「前例」となって、平常時にも認められるようになっていく。大規模災害の発生は、制度の新たな運用の仕方や、制度そのものの創設につながることがあった。

歴史的な凶作であったのみならず、日露戦争直後の発生、外国からの大規模な支援という新たな要素も加わり、一九〇五年東北大凶作をきっかけに日本人の災害救援に対する意識や取り組みが変わったのである。

宮城県がまとめた『明治三十八年宮城県凶荒誌』(一九一六年)は、一九〇五年の東北大凶作が天明・天保の飢饉以来の大災害だったにもかかわらず大量の餓死者が出なかったのは、国家社会の経済組織が大いに当時とその趣《おもむき》を異にしているとともに、皇室および各国の王室や大統領の仁慈、友邦国民の義援、内国同胞の慈恵救済の結果によると述べている。公的な支援に加え、義援の重みが表れている。

さて、一九〇五年東北大凶作で、日本は外国からの大規模な災害支援を受ける経験をした。

実はその最中に日本も外国の災害に対して大規模な支援を行うことになる。

四年前の仏領マルティニーク島プレー山噴火時には、政府や皇室でさえ他国に義援金を送るという認識が十分でなく、新聞では貧乏国の日本が他国のために義援金を送るのは不釣合という意見も掲載されていたことは、序章で述べた通りである。その日本が他国に大規模な支援を行うことになったのは、自国が支援を受けた経験から学んだからだけではない。災害に見舞われた国が、日本への最大の支援国アメリカだったためでもある。

2　米国西海岸の大地震――一九〇六年四月一八日

友邦の非常災害

一九〇五年東北大凶作に対する海外からの義援金が日本に届き始めたとき、国外で大規模災害が発生した。一九〇六年四月一八日にアメリカ西海岸サンフランシスコを中心とする地域を大地震が襲ったのである。マグニチュードは七・七から八・三と推定され、サンフランシスコでは地震の揺れと大火災によって大きな被害が生じた。この震災による直接、間接の死者は三〇〇〇人を超えるとの推計もある（アメリカ地質調査所ウェブサイト）。

先述したように、ルーズベルト大統領がアメリカ国民に日本への義援を呼びかけ、多額の

サンフランシスコ地震で倒壊したビル，1906年

義援金が届いたことへの感謝が高まっていた日本では、アメリカを支援すべきだという声が起こった。

たとえば『東京朝日新聞』（一九〇六年四月二二日）は「友邦の非常災害」と題する社説を掲げ、次のようなことを述べている。

われわれは、世界の地震国の住民として特に同情を傾けざるをえない。特にカリフォルニア州は、同胞が多く移民している土地である。世界を一つの家族のようにみる人道上はもちろん、国民的関係からしても、この地の大災害をよそごとのように見てはいけない。かつ列国中で最も被災地に近いのは日本である。救済扶助に関しても、他国に比べれば行いやすい。

東北の飢饉にあたっては、ルーズベルト大統領は率先して呼びかけを行い、アメリカ国民の救済扶助を促した。その効果は現に目にしている通りである。

同情に報《むく》いるには同情をもってしなければならない。その同情が国民的もしくは国家的であるのに対しては、またこれに報いるのに国民的もしくは国家的をもってすることを要する。

日本の初めての本格的な対外災害支援

サンフランシスコ地震から六日後の一九〇六年四月二四日、西園寺公望内閣は閣議で日本赤十字社による義援金募集を決めた。天皇からは二〇万円が下賜されることになり、二六日には外相官邸に閣僚、松方正義《まつかたまさよし》日本赤十字社社長、渋沢栄一《しぶさわえいいち》をはじめとする財界関係者も招き、義援金への協力要請がなされた。

日本側が熱心な支援活動を行った背景には、先に挙げた『東京朝日新聞』の社説での理由以外にも、日露講和の仲介などアメリカによる外交上の支援に対する感謝や、被災地となったカリフォルニア州を中心に起きている日本人移民排斥の動きへの対応など、さまざまな思いがあった。

アメリカ政府は、当初、外国からの義援金を謝絶する方針をとっていた。ところが五月三日、連邦政府としてではなく、カリフォルニア州が受け入れを表明する。そして外国の義援金として最初に受け入れたのが日本からのものだった。

天皇からの二〇万円の下賜金を含む日本の義援金二四万六〇〇〇ドルは、外国からでは最多額であり、全体の五〇％以上を占めた。外国からの義援金のなかで占めた割合、赤十字社を通じた義援金募集まで、一九〇五年東北大凶作とサンフランシスコ地震における日本とアメリカの立場は同じだった。

日本は、被支援と支援を同時並行で経験するという稀《け》有《う》な形で、政府も民間も国際的な災害支援を本格的に体験する。そのなかで支援国と被支援国との間における友好感情の創出・強化など、外交上の意味や効果を実感することになった。

大森房吉の現地派遣——日本地震学の発展

日本政府はサンフランシスコ地震の調査のため、五月に地震学者の大森房吉《おおもりふさきち》を現地に派遣する。大森は、大森式地震計の考案や大森公式と呼ばれた地震に関する公式の発案など、すでに地震研究で世界的な業績を上げていた。

鉱山学の教員としてイギリスから招聘《しょうへい》されたお雇い外国人ジョン・ミルンによって、研究が始まった日本の地震学は、その教えを受けた大森ら日本人学者たちによって発展する。地震が多発する日本は、地震研究を行ううえでは好条件だった。そのため日本の地震学は、短期間で世界水準に達する。

八月には大森はサンフランシスコ地震の現地調査を終え、帰国するに際し、地元新聞『サンフランシスコ・コール』紙（一九〇六年八月五日）に調査結果と自らの見解を発表した。

そのなかで大森は、「地殻の大きな不安定を除去する大きな地震は、同一の場所では決して連続して起きない」などと述べる。記事の見出しには「世界で最も偉大な地震学者がサンフランシスコは安全だと述べる」とある（アメリカ議会図書館ウェブサイト）。大森の存在によって、「世界の地震国」である日本は、海外の地震に対する学術的・科学的貢献という選択肢も得ることになった。

World's Greatest Seismologist Says San Francisco Is Safe.

DR. F. OMORI, professor of seismology in the Imperial University of Tokio, who was sent by the Japanese Government to investigate the recent seismic disturbance here, has finished his researches and investigations and departed yesterday on the Doric for Japan. He arrived here on May 18 and during his stay devoted his entire time studying the country from Chittenden, the southern point where the force began to show its greatest power, north to Point Arena, where the force was continued out into the Pacific. In speaking of his investigations he said: "I have been interested in this work for many years and from my observations I can state that large earthquakes which remove a great instability in the earth's crust never happen successively at one and the same place."

現地紙『サンフランシスコ・コール』紙（1906年8月5日）に取り上げられた大森房吉　大森（1868～1923）は福井県出身．1890年に帝国大学理科大学卒業後，大学院で地震学を専攻．欧州留学後，97年より帝国大学地震学教授．大森式地震計の考案のほか，地震に関する公式などで海外でも評価が高かった

第2章 災害をめぐる国際関係

――同情と支援の思惑

1　中国を襲った水害と飢饉——義援の政治的意図

一九〇六～〇七年中国中部飢饉

一九世紀末頃から欧米では、他国で大きな災害が発生した際に、同情を示し、支援を行うようになっていた。日本は日露戦後の一九〇五（明治三八）年東北大凶作と一九〇六年サンフランシスコ地震からその動きに本格的に加わった。

その後も世界各地で大規模災害が続く。日本も支援・被支援を繰り返し、経験を積み、そこに外交手段のひとつとしての意味を見出していく。

一九〇六年一二月、中国の中部で起こった飢饉に対する国際的な義援活動が行われた。永《えい》滝久吉《たきひさきち》上海《シャンハイ》総領事による一二月四日付の林董外相宛の報告によれば、それは以下のようなものだった。

中国中部では春以来、降雨が多く、さまざまな場所で河川が氾濫《はんらん》し、河南《かなん》、江蘇《こうそ》、安徽《あんき》、山東《さんとう》の四省は著しい不作となり、幾千万の農民が飢饉の状態にある。飢饉の範囲は約四万平方マイル（約一〇万平方キロメートル）にわたり、困窮者は実に一五〇〇万人に達し、惨状を極めている。そこで、上海で内外の有志者数十名が委員となって世界から義援金を募集することに決した（外務省記録「変災及救済関係雑件　中部支那江北饑饉救恤ノ件」、外務省外交史料館所蔵、以下は本史料による）。

永滝総領事は、その後も外務省に報告を続けている。内外の有志者による委員はそれぞれの本国宛に義援金募集の依頼を行った。永滝も委員の一人となり日本の担当となった。永滝は外務省に対し、協議のうえ義援金を募ってほしい。募金の呼びかけは東邦協会と東亜同文会にさせるのが好都合ではないかとしていた。東邦協会と東亜同文会は、いずれもアジア主義的な民間団体である。

清国の上海道台（地方長官）からも各国領事宛に義援金募集の依頼があった。永滝は、日本は隣国なので、なるべく広く義援金を募り、助け合いの精神を表すようにしたい。できることなら天皇からの下賜があれば、両国の交情を厚くするのに役立つのではないか、と述べている。

永滝上海総領事は、国際的な義援金募集での日本の役割分担と、欧米諸国とは異なる隣国としての対応の必要を述べている。広く義援金を募ること、皇室からの下賜を受けることは、先述のサンフランシスコ地震の際にとられた方法であった。

皇室からの下賜はなし

翌一九〇七年二月一〇日、林董外相は渋沢栄一など清国関係事業の経営者を招き、義援金への協力を要請している。外相が渋沢ら財界人を招いて協力を求める方法も、サンフランシスコ地震の際と同様だ。その後、渋沢が調整役に選ばれ、約一〇万円（当時大卒社員の初任給が三〇円）を集めて第一着の応急の義援金とすべく、各経営者の分担案を作成した。

最終的に南満洲《みなみまんしゅう》鉄道から一万五〇〇〇円、横浜正金銀行から一万円、三井家から一万円、岩崎家から一万円、日本郵船から七五〇〇円、川崎造船所から七五〇〇円など、合計九万一〇〇〇円が集まった。義援金は為替を用いて、上海総領事館、同南京分館を経て、清国の南京総督に送られる。それに対して、南京総督と清国政府からは感謝状と謝電、謝意が届けられた。当時、清国に軍艦の輸出を盛んに行っていた川崎造船所は、共同義援金とは別に一万円を送っている。

こうした財界の義援金に加え、政府はサンフランシスコ地震の際と同様に広く一般からも義援金を募るつもりで、二、三の新聞社とも協議を行っていた。ところが、この種の募金には新聞社で意外の煩労《はんろう》と経費を要するだけでなく、時期もあまり適当ではないとして実現しなかった。一月に東京株式取引所の株価が大暴落し、その影響を受けた銀行の取り付け騒ぎも起きるという、不安定な経済情勢も影響していたと思われる。

一般からの募集が行われなかっただけでなく、皇室からの下賜もなかった。このことについて、『東京朝日新聞』（一九〇六年三月二七日）は「我帝室と隣誼」と題して、以下のように述べている。

一九〇五年東北大凶作の際には西太后から一〇万両の下賜があった。清国帝室が日本国民の喜びと悲しみをよそごとのように見ないように、皇室もまた深く中国人の喜びと悲しみに同情することは、わたしたちの確信するところである。しかし中国中部飢饉で、いまだ義援金下賜の話がない。これは当局者が天皇に伝えていないからだと思うが、隣国としての立場についてあれこれいう者もないとは言えない。

渋沢栄一（1840～1931）
実業家．埼玉県出身．尊攘運動を経て幕臣，1867年に渡欧．維新後，大蔵省を経て実業界へ．第一国立銀行，王子製紙などを創立．財界の指導者として災害後の義援活動にも積極的に関与

新聞は懸念を示して下賜を願っていた。

結局、中国中部飢饉への日本の対応は、サンフランシスコ地震への対応を準用したが、義援の動きは政府と財界の範囲にとどまった。海外の災害への支援の経験が浅かった日本では、国を挙げての支援は、アメリカに対してだからこそ実現したのだろう

か。

一九〇八年中国広東水害

中国での水害は続いた。翌一九〇八年六月には広東《カントン》地方で長雨による水害が発生した。広州《こうしゅう》市街では、二尺（約六〇センチメートル）以上浸水したところが少なくなかった。

六月二五日に船津辰一郎《ふなつたついちろう》香港《ホンコン》副領事は、林董外相に対して広東省および広西省《こうせい》における今回の水害は数十年来とのことで、当地の慈善団体はすでに義援金を送付し、さらに募集中である。かつ焦眉の急を救うためにビスケットその他の食料品も送っている、と報告。さらに日本が採るべき行動を、次のように述べている。

当地方に関係ある日本企業よりなるべく多額の義援金を送れば、ボイコットの緩和策としてきわめて効力があるだろう。日本企業関係者と協議したところみな同意し、彼らは外務省より各本社にも働きかけてほしいと希望している。他国に率先する方がよいので、異存なければ至急適切に検討してほしい。また政略上、義援金募集は新聞紙上で広めるのがよい（外務省記録「変災及救済関係雑件　支那広東地方水災救恤ノ件」第一巻、外務省外交史料館所蔵、以下、本史料による）。

この時期、清国では日本商品のボイコット（日貨排斥運動）が行われていた。それは四ヵ月前の二月に日本籍の商船「第二辰丸《たつまる》」が武器密輸の疑いでマカオ付近の海上で清国官憲に拿捕《だほ》されたことに対して、日本側が清国に強硬な謝罪・賠償要求を行ったことへのものだった。中国近代史上初の対日ボイコットである（『増補　中国民族運動の基本構造』、『愛国とボイコット』）。

ここで注目すべきは、ボイコット緩和のために有効との理由で、義援金募集が企図されたことである。災害時における義援金送付が、友好感情を生み出すことを利用しようとするものだった。こうしたねらいはこれまでの義援活動にも見られたが、明確な目的と効果を期待したものは初めてである。

船津香港副領事からの提案を受け、林外相は瀬川浅之進《せがわあさのしん》広東領事にも船津の提案に対する意見を求め、瀬川広東領事も船津と同様の認識を示した。瀬川はさらにボイコット対策として効果的なものとするため、義援金で米を買収し当地に輸送して被災者に配分すること、義援金募集の場合にはボイコットに直接利害関係を持つ商人や会社はなるべく表に出すことを避け、新聞社もしくは慈善団体のようにボイコットに直接利害関係を持たないものに発起させることを提案した。

被災者の日本人への感謝を高めるとともに、清国人に疑念や反発を起こさせないようにする方法が考えられたのである。

戦略的な義援金の募集

林外相は船津香港副領事や瀬川広東領事からの提案に同意し、直接利害関係を持つ企業を表に立たせず、慈善団体などに義援金募集を発起させ、その名義で金品を送ることとした。

一九〇八年七月三日、外相官邸に利害関係者が招待された。集まったのは、日本銀行、横浜正金銀行、三井物産、日本郵船、東洋汽船、大倉組、三菱合資会社、大日本麦酒《ビール》、南満洲鉄道、日清汽船の各代表者であった。林外相はこれら実業家と協議を行い、東亜同文会と東邦協会を表面上の発起人として、義援金を集めることにする。

林外相はさらに瀬川広東領事に対して、義援金は差し当たり二万円(当時大卒社員の初任給が三〇円)は確定して、なお増加の見込みであるとし、清国の地方官憲に同情の意を伝えると同時に救助方法を協議し、金銭または物品のどちらで送る方が便利かを確かめ、折り返し回答すること、日本の同情の事実を広く清国の人びとに周知させるよう取り計らうこと、被災者の状況を逐次報告することを命じた。

外務省からの要請を受け、東亜同文会と東邦協会は連名で義援金募集を開始し、新聞に広告も掲載した。「清国広東水害救恤義援金募集広告」の趣意書には、次のように記してあった。

長雨により清国各地で水災がしきりに発生している。その惨害は近年になく、ことに広東で甚だしい。北江《ほくこう》・珠江《しゅこう》が氾濫し、沿岸では建物が漂い沈み、溺死《できし》した人畜は幾千万、溺死を免れた者も家も食もなく、飢えと寒さに号泣する者も幾千万にのぼる。力を尽くしてこれを救うのは近隣の者が当然行うべきことである。特に広東省とは往来が頻繁で、日本に来る者も多い。その災害を聞き、どうして拱手傍観《きょうしゅぼうかん》すべきだろうか。

義援の金品の申し込み先は東京の東亜同文会本部で、集まった金品は広東駐在の日本領事館を経て清国の両広総督衙門《がもん》に送達し、分配を依頼することになった。これにより、金二万円、木綿三五〇〇反、乾温飩《うどん》一〇〇〇〇貫目、薬品二万五〇〇〇個、福神漬一万缶が送られた（『東亜同文会報告』第一〇五回）。

表面上の発起人となった東邦協会は、七月二四日付で外務省通商局長宛に書簡を送り、当協会は労せずして大いに面目を施したと礼を述べている。

対日ボイコットへの効果はあったか

では、この義援金送付にボイコット対策としての効果はあったのだろうか。

七月二四日付で、船津辰一郎香港副領事から寺内正毅臨時外相に宛てられた報告で、船津はボイコット熱が冷却に向かいつつある兆候が認められるとしたが、これは義援金の効果よりも、日本製品の在庫を売り尽くしたことでやむを得ず日本製品を輸入し始めたためとみている。その理由として、日本の義援金のことは当地の英字新聞ではすべて報道していたが、漢字新聞は義援金の寄贈については報道していない。したがって、いまだ広く世間に周知されず、その効果も予期したほどではないと思われる。ただし、清国当局者およびこのことをよく知っている一部の人びとは、感謝しているに相違ないと述べていた。

義援金への中国側の反応が目に見える形で現れないなか、日本の新聞は、日本の対応を批判している。『大阪毎日新聞』（一九〇八年七月三一日）のコラム「硯滴《けんてき》」は、次のようなことを述べている。

ボイコットに対して恩恵で応えるとした日本の広東水害への義援金について、中国側はありがたいとは思わぬ様子だ。それは日本の義援金について中国側が、日本が第二辰丸事件を反省して当時の賠償金分だけ義援金として返還するものと早合点したからだ。第二辰丸事件の賠償金二〇万円に相当する義援金を期待していた中国側は、二万円ばかりの義援金でうれしいわけもない。さらにアメリカがボイコットが済んだ後に千何百万ドルを返還しようとしている矢先に、日本のように事件の真っ最中に二万円くらいの端《はし》た金で、人心の怨《うら》みを帳消しにしようといった島国根性の外交が成功するはずがない。

痛烈な批判である。ここで日本と比較されているアメリカの例について補足すると、このボイコットとは、アメリカでの中国人移民排斥への反発から、一九〇五年に起こった反米ボイコットのことである。これは中国近代史上初の大規模な対外的ボイコットとされる（『増補　中国民族運動の基本構造』、『愛国とボイコット』）。そして、当時、アメリカは義和団《ぎわだん》事件で得た賠償金のうち、実際の損害高を超過した分を中国に返還することを決め、清国はそれを歓迎していた。その後、返還金により中国人留学生のアメリカへの派遣事業が開始される（『「対支文化事業」の研究』）。

限定的効果しかなかった義援金

さて、『大阪毎日新聞』のコラムを目にした瀬川浅之進広東領事は、寺内正毅臨時外相宛に、次のような報告を送っている。

何かためにするところがあって、このような記事を掲載したのか。または日本では一般にこのようなことを信じているのか。この義援金の効果については当地にも問い合わせがあるので、ご参考までに実情を報告する。

義援金二万円を清国の両広総督に渡した後、台湾で募集した三〇〇〇余円も同様に渡した。広東在留外国人の義援金募集に在留日本人も各個人で協力し、関係諸国の領事の連名で総督に渡した。日本からの義援品については、無税で税関を通るよう手続きを取った。現地で開催される義援金集めのバザーにも協力し、なるべく日本人と当地方の人々を接近させることに注意している。

ボイコットの鎮静化については、強圧的手段を用いるとすれば論じるまでもないが、平和的手段をもって穏便に解決しようとするなら人心の緩和を待つ以外によい方法はない。今回の日本人の寄贈に関わる義援金こそ、「人心寛和《かんわ》剤」としてこのうえなく好都合なものだ。

自分が会見した清国の官民はいずれも感謝の言葉を述べたが、遺憾なのは当地の新聞が義援金について沈黙していることだ。これは二、三ヵ月前にはもっぱら日本を攻撃していたため、態度を一変して感謝や友好の文字を掲げることができないためだと思う。このことは当地の日本人が一般に不愉快を感じているところだ。徳義、信用、責任などは当地の新聞に望むことはできない。

さらに瀬川広東領事は次のように記す。今回の日本の義援金がボイコットを鎮静化させるうえで、どれくらいの効果を発揮したかは、はっきりと言いがたい。ただし義援金が当地の主だった官民の間に感謝をもって迎えられ、かつ日本に対する人心も日に日に融和に向かいつつある。このことは、自分が親しく目撃している。中国への日本人の同情をますます深くし、両国人の交情親和のため一層意を用いるようにしたい。

以上のように、日本は自らの体験で災害時における義援金送付が相手国に感謝や友好感情を生み出す効果を持つことを認識し、それを中国の対日ボイコット緩和策として利用しようとした。ところが、先にみたように、第二辰丸事件に関して日本批判を行っていた中国の新聞は、日本からの義援金について報道しなかったため、目に見える効果は現れなかった。そのことは、ボイコット対策として効果が認められなかったということにとどまらず、せっかく送った義援金に対して十分な感謝が得られなかったという苦い経験となる。

2　欧州の災害への対応――メッシーナ地震とパリ大洪水

一九〇八年イタリア・メッシーナ地震

一九〇八（明治四一）年一二月二八日、イタリア南部、イタリア本土とシチリア島の間にあるメッシーナ海峡付近を震源とするマグニチュード七・一の大地震が発生し、地震動と津波による甚大な被害が出た。死者は八万二〇〇〇人とされる（『理科年表　二〇二三』）。

地震発生の報を受け、小村寿太郎外相から林権助《はやしごんすけ》駐伊大使に、皇室より見舞いの親電を送る都合もあるので、震災の状況を至急報告してもらいたいとの電報が送られた（外務省記録「変災及救済関係雑件　伊国南部地方震災ノ件」、外務省外交史料館所蔵、以下、本史料による）。

林大使からも、震災で大きな被害が出ていること、この際に日本政府より弔辞をイタリア

イタリア・メッシーナ地震の被災地，1908年

政府に送るのが当然と考える、との電報が届いた。

さらに、林大使は、今回のイタリアの震災については各国の君主や政府より弔辞を送ったうえ、各国それぞれ義援金を寄贈する動きがある。日本は欧米諸国に比べイタリアとはそれほど密接な関係はないが、イタリア国民は日露戦争中に厚き同情を日本に寄せ、かつイタリアも日本も共に震災に遭遇する国民であり、その間に自然に深い同情が存在する。日本国民からも何か具体的に同情を表してはどうか。伊学協会もしくは赤十字社のような団体によって義援金を集めて寄贈すれば、両国将来の関係に好影響を及ぼすだろう、との意見を寄せた。

こうして日本政府と天皇からイタリア政府と皇帝に弔辞が送られ、天皇からは一万円が送られた。国民からの義援金についても、桂太郎首相・小村外相・松方正義日本赤十字社社長との間で協議が行われ、一九〇六年のサンフランシスコ地震の例により、日本赤十字社名で義援金募集を行い、先年のように京浜の財界人を外務省に招き、外相から協力を依頼することになった。

年明けの一九〇九年一月六日には外相官邸に財界人を招き、義援金への協力を依頼し、七日には外相より各官庁と華族に文書によって同様の依頼を行っている。日本赤十字社では、四一万四一〇〇リラを集め、四回に分けて小村外相を経てイタリア政府に寄贈した（『官報』一九〇九年三月一一日）。

一月三〇日、林駐伊大使より小村外相への報告では、次のようなことが述べられていた。

メッシーナ地震について諸外国が盛んに同情を寄せた。洋の東西や人種の異同に関係なく、各国の君主をはじめ政府および公共団体、一私人に至るまで、それぞれ金品を寄贈して同情を被災者に寄せ、イタリア銀行取り扱いの金額のみで約二〇〇〇万リラに達した。日本からの弔辞や義援金には、イタリア政府からも感謝状が送付された。

さまざまな方面から義援の金品が届けられたことが、イタリアでは盛んに新聞に掲載され、一時は震災の惨状と、これら寄贈の報道が紙面を占めた。ある一国からの義援金寄贈の報道が特別にイタリア国民の注意を喚起するようなことはなかったが、日本の皇室と赤十字社よりの寄贈金は各国君主などの寄贈金と同じく新聞で報道された。イタリア国民は日本の皇室および国民の深厚なる同情を認識しただろう。

衆議院からのメッセージ

メッシーナ地震では日本の衆議院も弔辞を送っている。衆議院は、議会休会中の一九〇九年一月七日に各派代表者の会合を開き、衆議院議長名でイタリア政府に電報を発することを決めた(『東京朝日新聞』一九〇九年一月八日)。

前年に衆議院は列国議会同盟(Inter-Parliamentary Union、略称IPU)へ加盟し、同年九月ベルリンで開かれた総会に議員一名を派遣し、「議員外交」を始めていた(『議員外交の世紀』)。メッシーナ地震への対応もその一環ととらえることができよう。

しかし、桂太郎内閣では、議会が外国の政府や機関に直接意思を伝えることは憲法上不適切であるとして問題視した。山県有朋《やまがたありとも》枢密院議長は一月一二日付で桂首相に書簡を送り、善後策を講じるよう要望している。山県は枢密顧問官らと、この問題について意見交換をしていた。

金子堅太郎《かねこけんたろう》枢密顧問官は山県に書簡を送り、衆議院の動きは立憲制度の慣例を知らないものであり、これでは外国で日本の議会はもちろん政府もまた無知無学だと批評される、と嘆いていた。さらに金子はイギリスの事例を調査した結果として、イギリス議会ではこうした場合、外相、または君主を経由して相手国に意思を伝えていることを紹介している。山県は金子書簡を桂宛の書簡に同封した（『桂太郎関係文書』）。

結局、衆議院の弔辞は、衆議院→駐伊日本大使→イタリア外相→イタリア代議院という経路で伝達され、処理される。弔辞は帝国議会休会中に出されたため、休会明けの一月二一日に衆議院本会議で追認された（「第二五回帝国議会衆議院議事速記録」第三号）。

衆議院・政党も他国の災害に関心を持ち、独自の動きをとるようになったのである。

大森房吉のイタリア皇帝への謁見

『東京朝日新聞』（一九〇九年一月三日）は「伊国の震災」と題する社説を掲げ、次のようなことを述べていた。

報道によれば、死傷者約一〇万を出したもようだ。日本と同様に地震大国のイタリアも、この災害には全国で恐れ戦《おのの》いている。英露をはじめ諸国の軍艦が救援に赴き、アメリカも被災地に糧食を送るよう艦隊に命じた。日本の軍艦が間近にいたならば、地震に驚かない人員による敏捷《びんしょう》な助力を与えられたのに残念だ。大森房吉博士のような地震学者を派遣し、イタリアの学者を助け、今回の地震について精密な研究をさせてはどうか。これはイタリアと日本のみならず、世界に貢献するところが大きい。

新聞の主張と同様に、日本政府は大森をイタリアに派遣することとした。だが、大森の夫人が猩紅熱《しょうこうねつ》により一月一八日に急逝する。それでも大森はイタリアに赴く。『読売新聞』（一九〇九年一月二六日）は、大森に対して、日本に世界有数の地震学者がいることを光栄に感じるとともに、私事を理由に公務を閑却《かんきゃく》しない態度を賞讃せずにはいられない、と同情と敬意を表明している。

一月下旬に日本を出発した大森は、シベリア鉄道を経由して、二月中旬にイタリアに到着した。大森は震災地の人びとに安心を与えることに努め、ローマに到着すると新聞紙上に、大地震後には余震が多いけれども恐れるほどではないこと、大地震が同一の震源から再発することはなく、今後メッシーナおよびレッジョの両市が震災に襲われることはないだろうなどと自説を述べている。

大森は、調査終了後にも地震の震央および原因、津波などに関する調査結果を新聞紙上に発表した。また、日本の震災予防調査会（文相の監督下の震災予防組織）の木造耐震構造研究と欧文報告書をイタリア皇帝に献納し、皇帝にも謁見してメッシーナ地震の調査結果について概要を説明している（「メッシナ大地震概況」）。こうして約三ヵ月の調査を行った後、大森は五月中旬にイタリアを出発して六月初めに帰国した。

日本の国民が期待した通りの活躍ぶりだった。二〇世紀初頭、日本は他国の震災に対して学術的にも技術的にも貢献できるようになっていた。

一九一〇年パリ大洪水

一九一〇年一月、パリは歴史的な大洪水に襲われた。セーヌ川は一月下旬から洪水となり、元の水位に戻るまで二ヵ月を要した。パリでは一万五〇〇〇～二万の建物、二〇万の人びとが被災した（『パリが沈んだ日』）。

一月二八日に栗野《くりの》慎一郎《しんいちろう》駐フランス大使から小村寿太郎外相宛に次のような電報が届けられた。

> パリの水害は未曽有の程度に達し、各国元首は弔電と義援金を送っている。フランスは満洲問題で日本に好意を表しているので、天皇よりもフランス大統領に弔電を発し、義援金を送るのが適当と考える。ロシア皇帝よりは義援金として一万ルーブルが送られている（外務省記録「変災及救済関係雑件　仏国「セーヌ」河洪水救恤ノ件」、外務省外交史料館所蔵、以下、本史料による）。

当時、日本は欧米列強と中国の権益をめぐって競合・協力しながら、日露戦争で得た満洲権益の確保・拡大を目指していた。フランスとは一九〇七年に日仏協約を結び、互いの勢力範囲を認め合っている。

パリ大洪水　6区のセーヌ通り，1910年

一月三〇日、明治天皇からフランス大統領宛に弔電が送られた。二月一日には、栗野大使からあらためて電報が届く。各国の元首はもちろん、各国の政府や各市、各種の団体からも義援金が送られている。万一、天皇より下賜がなかった場合、政府より相当の義援金を送ることが必要である、と。

前例にならった義援金

小村外相は岩倉具定《いわくらともさだ》宮相に、フランスへの義援金の下賜について、天皇に取り次いでもらうことを次のように依頼している。

栗野大使よりの電報によれば、水害地の被災者の惨状は甚しく、各国の元首、政府、各市、各種の団体などより義援金が送られている。以前「明治三十五年仏領印度〔ママ〕「マルチニック」島噴火、同

三十九年米国 桑 港 震災、同四十一年伊国南部地方震災」の際には、義援金を下賜した前例がある。今回も皇室からも義援金を下賜すれば、被災者の感激や喜びはもちろん、多年にわたり親善な日仏関係をますます深めることになる。この際、二万フランを下賜されるよう天皇に奏上してもらいたい。

二月三日、天皇は提案通りフランスに二万フランを送り、一〇日には駐日フランス大使がフランス大統領の意を受けて参内、天皇に謁見して謝意を述べている。栗野大使からは小村外相宛に、天皇の義援金の下賜は当地各新聞に記載され、良好な感動をフランスの人びとに与えた。日仏両国間の親交に鑑みて喜ぶべき影響を及ぼしたことを確信する、との報告があった。

天皇から他国の災害に義援金を下賜する必要がある理由として、先に取り上げてきた一九〇二年のマルティニーク島の噴火、〇六年のサンフランシスコ地震、〇八年のイタリア・メッシーナ地震の経験が前例として認識されていた。他国の災害に義援金を送ることが、日本では二〇世紀初頭に定着したのである。

一九一〇年の一月にパリは大洪水に見舞われたが、この夏には東京が大洪水に襲われることになる。

第3章 関東大水害

――東北・中部地方にも及んだ広域災害

1　政府首脳の不在——鉄道・電信の不通

複数の台風と豪雨の八月

一九一〇（明治四三）年八月、東日本では月初めから梅雨前線による雨が降り続いていた。さらに八月一一日には台風が八丈島《はちじょうじま》の北を経て房総半島沖を通過、一四日にも別の台風が静岡県沼津付近に上陸し、山梨県甲府、群馬県西部、東北地方を通過した。そのため東海・関東・東北地方は豪雨となり、各地で大規模な洪水、土砂災害が発生する。

中央気象台（気象庁の前身）によれば、死者・行方不明者は全国で一三五九人、府県別では宮城県三六〇人、埼玉県三三一人、群馬県三一〇人であり、東京府でも四八人の死者・行方不明者が出ていた。全国で浸水面積は四四万六八九七町歩（約四四〇〇平方キロメートル。山梨県の面積に相当）、浸水家屋は五一万八〇一二戸（うち東京府の一八万二四六七戸が最多）、堤防決壊は七〇六三ヵ所、橋梁《きょうりょう》流失は七二六六ヵ所、山岳崩壊は一万八七九九ヵ所にのぼり、鉄道や電信は不通となった（『気象要覧』一一二八）。

東京では八月八日以来、豪雨が続き、一〇日から河川の氾濫や土砂災害が起きる。一一、一二日には天候は回復したものの、利根川・荒川の増水により東京東部の低地が浸水、一三日には再び激しい雨に襲われた（『東京市史稿』変災篇第三）。

現在のJR錦糸町《きんしちょう》駅付近で搾乳業を営んでいた歌人・伊藤左千夫《いとうさちお》も被災した。八月一三日の夕方、東京東部の下町を流れる天神川《てんじんがわ》（横十間川《よこじっけんがわ》）、竪川《たてかわ》、横川《よこがわ》（大横川）があふれ出す。左千夫は家族に知人宅へ避難するように命じ、自身は若い従業員三人とともに乳牛を鉄道沿いの高地まで避難させた。左千夫がみた被災地の様子は、次のようなものだった。

うずたかく水を盛り上げている天神川は、盛んに濁水《だくすい》を両岸にあふれさせている。薄暗く曇った夕暮の底に、濁水のあふれ落ちる白泡がぼんやり見渡される。恐ろしいような、面白いような、言うに言われない一種の強い刺撃に打たれた。

遠く東の亀戸《かめいど》方面を見渡すと、黒い水がまんまんとして大湖のようである。四方に浮いている家々は多くは軒以上を水に没している。「なるほど洪水じゃな」と嘆かざるを得なかった。亀戸には同業者も多く、避難できていない牛も多いと見えて、あちこちで牛の叫び声がしている。稀《まれ》に散在して見える三つか四つの灯火がほとんど水にひっつ

関東大水害後，屋根の上で暮らす人びと，東京亀戸

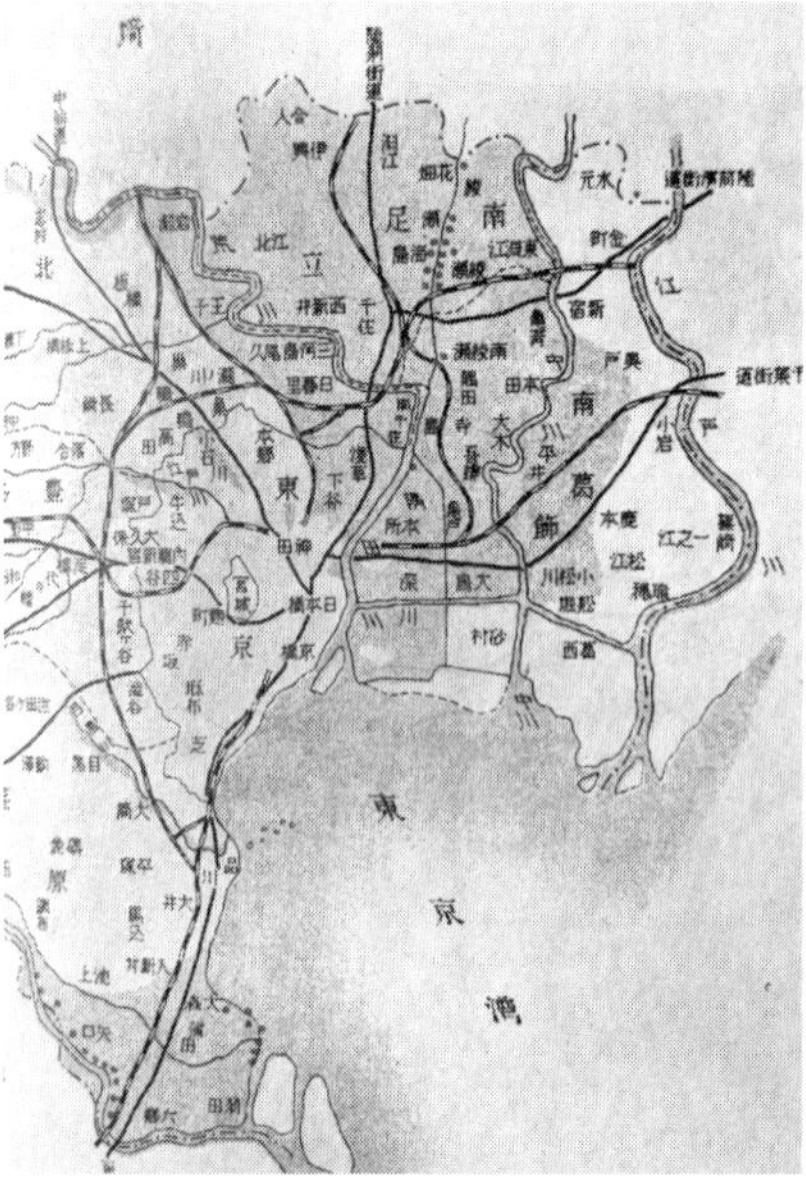

関東大水害における東京の浸水地域 『東京水災善後会報告』（東京水災善後会編・発行，1911年）

いて、水平線の上に浮いているかのように、さびしい光をもらしている。

　何か人の声が遠くに聞こえると思い、耳を立てて聞くと「助け舟は無いかア……助け舟は無いかア……」と叫んでいる。それも三回ばかりで、声はやんだ。水量が盛んで人間の騒ぎも圧せられているのか、割合に世間は静かだ。まだ宵の口と思うのに、水の音と牛の鳴く声のほかには、あまり人の騒ぎも聞こえない。（『左千夫全集』第三巻）

帰京できなくなった閣僚たち

　この大水害に対応したのは第二次桂太郎内閣だった。ところが、夏季休暇中だったこともあり、閣僚は東京を離れている者が多かった。

　水害発生時、首相兼蔵相の桂は避暑のため長野県軽井沢の別荘に滞在していた。八月一二日に閣議が予定されていたため、桂は帰京しようとしたが、軽井沢とその周辺でも浸水や土砂災害があり、信越線が不通で、すぐには帰京できなかった。桂が軽井沢から篠ノ井《しののい》に出て中央線経由で帰京できたのは、八月一七日夕方だった。桂はこの体験から治水治山に本格的に取り組む決心を固めたとされる。

　警察・消防行政、地方行政、土木行政、衛生行政などを担当し、災害対応の要《かなめ》となるべき内相の平田東助《ひらたとうすけ》も、静養のため神奈川県逗子《ずし》の別荘に滞在していた。帰京できたのは八月一

桂 太郎（1848～1913）
陸軍軍人，政治家．山口県出身．戊辰戦争参加後にドイツ留学．陸軍次官，台湾総督，陸相などを経て，1901年に首相．以後，西園寺公望と交互に３度組閣し，日英同盟，日露戦争，韓国併合を指導

五日午前だった。

交通運輸、通信を担当する逓相兼鉄道院総裁の後藤《ごとう》新平《しんぺい》は、鉄道視察のため地方に赴いていた。後藤は東海道線の不通区間を徒歩や渡船によって通過、八月一三日午前に帰京した。

陸相の寺内正毅は韓国統監を兼任し、当時最終段階にあった韓国併合の事務にあたるため、七月から韓国に滞在していた。海相の斎《さい》藤実《とうまこと》も千葉県一宮《いちのみや》の別荘に滞在し、帰京は一二日午前だった。

このように第二次桂内閣を構成する首相を含む九人の閣僚のうち、首相・内相を含む六人が、被害発生時の八月一〇日に首都東京を不在にしていた。このことは当然ながら初動遅れの批判を生む。

『中央公論』（一九一〇年九月号）は、「内閣洪水に祟《たた》らる」という記事で次のように桂内閣に警告している。

天下の多数が首相・内相の対応を緩慢で不親切だとすることを、些末《さまつ》なこととみなしてはならない。洪水の惨害が「百二十五年来未曽有」であることは、すでに天下の人民を非常に驚かせ悲しませている。その心がすでに穏やかでないときに、さらに天皇が深く憂慮していることが伝わり、天下みな恐れ驚かない者はいない。最も職分が重い首相と内相が帝都におらず、しかもその居所を問えば、ともに避暑地の別荘だという。天下の人民が切歯して怒るのもやむをえない。人心に少しでも不平があれば、その鬱積《うっせき》は内閣を倒すに至ることはかつてもあった。政治家が最も憂慮すべきは人心の動向にある。

政府初動の遅れ

第1章の一九〇五年東北大凶作のケースでも触れたように、大規模災害での被災者救助の資金として、府県には罹災救助基金が設けられている。それらをもとに府県・市町村は、被災者に避難所の設置、炊出し、食料・飲料水の供給、衣類・寝具の配布、医療の提供などを行う。

一九一〇年関東大水害は、警察・消防だけでは対応できない大規模災害だったため、軍隊も出動した。吉田律人の研究によれば、陸軍は従来は暴動鎮圧などの治安維持を目的とした出兵に関する法令上の規定を根拠として、災害時の出動も行っていたが、一九一〇年三月の法令改正によって、災害時の出動を明文化していた。関東大水害では軍隊の災害出動が制度化されてから、最初の大規模出動が行われる。

向島で応急工事を行う陸軍工兵，1910年　軍の災害出動が制度化されて初の大規模出動となった

東京での軍隊の動きをみてみよう。最初に出動したのは、土木建築技術を持つ工兵隊だった。八月一一日夜半、河川が増水し堤防が危険に瀕したため、東京府知事から東京の陸軍司令官に工兵派遣の請求があった。それを受けて一二日早朝、工兵隊が隅田川の現場に到着、東京府の土木課と協議しながら応急工事にあたっている。

被害の拡大を受けて、八月一三日夜には、水や食糧の供給、被災者の救助を目的として、鉄舟や車両を使った工兵隊および輜重《しちょう》兵隊（輸送部隊）による活動も始まった。その後、軍隊の活動はさらに拡大し、歩兵隊も出動、食糧・毛布の供給、治安維持活動、軍医による救療も行われた（『軍隊の対内的機能と関東大震災』）。

すでに被災地で軍隊も含む大規模な救援活動が展開されつつあった八月一五日午前、平田東助内相がようやく帰京した。平田はただちに内務省に向かい、水害対応について内務省幹部と協議、午後から東京市内の被災地を視察している。

八月一六日午前には、桂首相不在のままで閣僚が集まり、内閣書記官長、法制局長官、警視総監、大蔵次官、内務次官なども加わり、水害救済策やその他の政務について協議している。まだ首相は不在だが、ようやく災害発生後初めて政府として対策を話し合ったことになる。会議後、平田内相は宮中に参内し、視察した水害その他の状況を明治天皇に奏上した。『明治天皇紀』によれば、明治天皇はこの八月一六日に侍従に命じて、東京府下の被害状況を巡視させている。平田内相から報告を受ける前から、天皇は水害を気にかけていた。公的記録である『明治天皇紀』には記載がないが、当時の新聞は、天皇が八月一三日午前に侍従長に水害について下問し、一四日には非公式に被災地に人を派遣したと報じている。

義援活動——財界・政治家・天皇

関東大水害は多数の府県にまたがる広域災害であり、首都東京も被災し、これまでにない規模での義援活動が展開された。

財界指導者の渋沢栄一は、八月一八日午後に三菱幹部の豊川良平《とよかわりょうへい》とともに桂首相を訪問、水害救援の方法を話し合っている。そして、渋沢、豊川、中野武営《なかのぶえい》東京商業会議所会頭の呼びかけにより、東京府下の水害後の衛生対策、疾病者の施療を目的として資金を募ることになり、二〇日「東京水災善後会」の設立趣意書と規約が発表された。

同会の常務委員長には渋沢が就任し、事務所は東京商業会議所内に置かれた。同会は最終的に約一七万八〇〇〇円（当時大卒社員の初任給が三〇円）を集め、東京府・警視庁・東京市・同愛社・赤十字社などに資金を提供し、それら機関を通じて被災地の消毒や掃除、健康診断、患者の施療・収容などが行われた（『東京水災善後会報告』）。

国会議員も動く。一九〇五年東北大凶作時の義援活動でも被災地関係の貴衆両院議員が義援団体の設立に関与したが、今回は義援団体の設立に、貴衆両院、特に衆議院が組織的に関与していた。きっかけは、広域かつ深刻な災害への義援活動には統一された大規模な機関が必要と考える議員たちが、黒田長成《くろだながしげ》貴族院副議長（徳川家達《とくがわいえさと》貴族院議長は外遊中）と長谷場純《はせばすみ》孝《たか》衆議院議長に相談したことからだった（『臨時水害救済会報告書』）。

たしかに広域災害への全国的な義援活動の担い手として、全国から国民の代表が集まる帝国議会はふさわしかった。彼らはこれまでに国内外の例に触れ、災害義援活動の重要性を学んでいた。また、それが国民からの支持を獲得するうえで有効なことも知っていた。

八月二一日には関係者が集まって協議し桂首相を訪問、協力を取りつけた。長谷場衆議院議長らは、東京の有力な実業家が参加している東京水災善後会も自分たちの組織に合流させようと考え、渋沢栄一に申し入れた。だが、渋沢ら東京水災善後会側は、目的と救済の範囲を異にするとして謝絶している。帝国議会が目指した義援団体の一元化はならなかったが、両組織は相互に協力することとなり、主要人物が両方の役員を兼ねた。

こうして黒田貴族院副議長、長谷場衆議院議長、渋沢の名義で案内状が出され、八月二三日に帝国ホテルで発起人会を開催、各府県の被災者の救助を目的として寄付金を募集する「臨時水害救済会」が設立された。総裁には、長谷場衆議院議長が桂首相と協議した結果、日本赤十字社社長でもある元首相・蔵相の松方正義が就任、副総裁には渋沢、長谷場衆議院議長が就き、事務所は衆議院図書館に置かれた。

九月一日には天皇・皇后も臨時水害救済会に一万円を下賜している。同会は最終的に約六〇万円の義援金を集め、内務省を通じて関東・東北・東海ほかの各府県に分配された。府県では、義援金を府県郡市町村の罹災救助基金に編入したり、教育・土木・産業事業への補助、個人の救済などに充てている。このように政府とも連絡して、議会、財界が協力し、大規模な義援活動が行われた。

先述したように明治天皇は、八月一六日に侍従を東京府下に派遣し、被害状況を視察させたが、二五日には侍従を埼玉・群馬・千葉・茨城・栃木・静岡・宮城の各県下に派遣した。同日、天皇・皇后より侍従を派遣した各府県と神奈川・山梨・長野・岩手の各県に、三一日には福島・秋田の両県に、被災者救助のために合計五万円が下賜されている(『明治天皇紀』第一二)。

近代日本初の治水長期計画

関東大水害の発生から二ヵ月後の一九一〇年一〇月、桂内閣は内相の監督のもとに、治水に関する重要事項を調査審議し、治水について関係各大臣に建議することができる臨時治水調査会を設置した。会長は内相で委員は関係各庁幹部、帝国議会議員、学識経験者から内閣が命じるとした(『官報』一九一〇年一〇月一八日)。

官僚に強い影響力を持つ桂太郎は、臨時治水調査会によって効果的な治水を可能とする総合的国土計画を立案し、政党勢力も取り込みながら、その実現を図ろうとした。その一方で、政党勢力は地元被災地のために働く衆議院議員と、そうした議員たちの個別の動きを制御して党全体として統一した対応をとろうとする党本部に分かれていた。三者のせめぎあいのなかで、新たな治水対策が立案される(「明治末期の治水問題」)。一九一一年には国が直轄事業で改修すべき六五の河川を決め、工事の着手順に第一期、第二期の区分も決められた(『内務省史』三)。これは、近代日本最初の治水の長期計画である。

東京では、都心の浸水を防ぐために、当時荒川の下流だった隅田川の水を東に迂回させる荒川放水路の開削事業が、一九一一年からスタートした。

荒川放水路は、幅約五〇〇メートル、長さ約二二キロメートルの人工の川をつくる巨大プロジェクトで、通水したのは一九二四（大正一三）年、関連工事まで含め、完成したのは一九三〇（昭和五）年のことだった。荒川放水路によって、東京東部の水害リスクは大幅に低減し、戦後、一九六五年からは荒川放水路が荒川の公式の本流となる。そして荒川の下流部だった隅田川は、岩淵《いわぶち》水門で荒川から分岐する川となった。

特例が一般的な制度へ

関東大水害をきっかけに導入され、その後も利用されていった制度や仕組みは他にもある。日露戦後の一九〇五年東北大凶作の際に、郵便貯金を原資とする大蔵省預金部の資金が日本勧業銀行経由で、救済事業資金として各県に低金利で供給されたことはすでにみた。関東大水害では、応急復旧工事費を調達するため、東京府他七県が発行した地方債を大蔵省預金部が引き受けた。つまり、低利の公的資金が、直接、地方に供給されるようになったのである。

さらに、一九一〇年一二月には、被災県だけでなく広く全国を対象として、大蔵省預金部が地方債を引き受ける際の条件や方法が決められた（『大蔵省預金部史』）。災害時の特例として実施されたことであっても、それが多数府県に大規模に適用されたことで、一般的な制度として定着していったのだ。

治安面では、大規模災害や広域の治安問題に対処する場合、他の庁府県に応援等のために警察官を派遣できる制度が、一九一〇年一一月に設けられた（「警察官吏職務応援ニ関スル件ヲ定ム」、公文類聚《こうぶんるいしゅう》・第三十四編・明治四十三年・第三巻）。ここには関東大水害に加え、同じく一九一〇年に明治天皇暗殺を計画したとして幸徳秋水《こうとくしゅうすい》などの社会主義者が弾圧された大逆《たいぎゃく》事件の影響が見られる。大規模災害の救援と反体制運動の取締りのための警察力の強化が同時に行われたのだ。

2　一九一〇年の大水害の余波——在日欧米人と中韓との関係

国内の外国人被災者問題——軽井沢の被害

関東大水害では、首都東京や開港場横浜を含む広域が被災したため、日本人のみならず外国人も多数影響を受けた。関東大水害は、滞在中の外国人への本格的対応が求められた災害でもあった。

東京・横浜の外国人が居住する地域では大きな被害が出なかったが、外国人が数多く訪れていた長野県軽井沢の被害は深刻だった。旧軽井沢（当時の軽井沢村）では死者四人、別荘の全壊一八戸、破損二九戸、流失一九戸と、浸水家屋三七〇戸の被害があった（『軽井沢町誌』歴史編〈近・現代編〉）。軽井沢滞在中の桂首相も帰京できなくなったことは先に触れた。

軽井沢で大水害が発生したとの報を受け、八月一四日に小村外相は、軽井沢に滞在していた各国の大使に見舞いの電報を発している（外務省記録「変災及救済関係雑件　関東地方水害救恤ノ件」第一巻、外務省外交史料館所蔵、以下、本史料による）。

軽井沢の外国人の状況は、大山綱昌《おおやまつなまさ》長野県知事から電信や文書により、内務省を経て、あるいは直接、外務省に伝達された。八月一七日に届いた知事からの報告は、以下のようなものだった。

軽井沢には九二〇人の外国人が滞在しているが、大きな不自由や不便はない。食糧は特に肉類の供給に配慮している。保安上の手配も不足はないが、大使・公使・領事館員およびその家族については、特に注意し力を尽くしつつある。外国人は、東京などの水害について精確な情報がなく憂慮しているため、速やかに安心させる必要がある。大使・公使・領事館および居留地の被害の有無や現状を知らせてもらいたい。

異国の地で災害に遭遇した外国人には、モノと情報の提供による物心両面の対応が求められていた。なお、外国人に関わる被害では、アメリカ人宣教師の別荘が二軒流失したが、人命には異状はなかった。

多数の外国人が滞在していたもう一つの避暑地が日光中禅寺湖《ちゅうぜんじこ》畔だった。栃木県でも水害が発生していたが、中禅寺地域は被害を免れ、そこに続く道路や橋梁にも異状がなかった。八月一八日には、日光（中宮祠《ちゅうぐうし》）に滞在していた各国大使などを代表して、駐日イギリス大使から小村外相宛に、水害への見舞い電報が届けられた。

その後も各国元首や政府、国民からの見舞いのメッセージが各国駐日大公使を通じて伝えられ、それへの天皇や日本政府からの感謝の意が日本の大公使を通じて相手国に伝えられた。各国から義援金も届いた。金額が大きいものでは、清国皇帝（宣統帝《せんとうてい》）からの銀一〇万元（日本円で八万六〇四九円三八銭）、アメリカ赤十字社からの五〇〇〇ドル（日本円で一万二五円六銭）、オーストリア＝ハンガリー皇帝からの一万フラン（日本円で三八九一円五銭）があった。

韓国併合交渉への影響――利用された水害

大韓帝国（韓国）も日本へ見舞いのメッセージを伝達してきた。この時期、日本と韓国の間で併合交渉が進められ、八月二二日には韓国併合条約が調印されている。

その最中の『大阪毎日新聞』（一九一〇年八月一七日）の「首相の統監訪問」という記事では、八月一六日午前一〇時に李完用《りかんよう》韓国首相が寺内正毅統監を訪問し、山県伊三郎《やまがたいさぶろう》副統監と三人で何事かを密議したとある。ところが、そのすぐ後の記事「関東水害見舞」では、李完用首相の寺内統監訪問は、関東の水害が惨烈《さんれつ》を極めている報に接し、韓国政府を代表して統監に見舞いを述べただけであり、形式的辞令と四方山《よもやま》の雑談で会談はわずかに三〇分、何ら時局問題に触れなかった、と記していた。

同じく二二日の「水害慰問使派遣」という記事では、韓国帝室は東京をはじめ日本各地の水害が惨状を極めていることを聞き、慰問のため李容植《りようしょく》学部大臣を特使として渡日させるはずと報じている。

しかし、これらの水害見舞いは表向きのもので、真の目的は韓国併合交渉にあった。八月一六日に李完用首相が寺内正毅統監を訪れたのは、韓国併合交渉を開始するために寺内が招いたからだ。夜間に来るように勧められた李完用首相は、それではかえって人の疑いを招くとして、「水害見舞い」を名目に昼間に堂々と馬車に乗って統監官邸を訪問したのである。この会談をきっかけに本格的に韓国併合に関する交渉がスタートする。

李容植学部大臣を「水害慰問使」として日本に派遣することについても、本来の目的は併合に反対する李学部大臣を渡日させることによって、韓国政府の意思決定の場から排除することにあった。意図を察知した李学部大臣は病気を理由に東京行きを断ったため実際には派遣されなかった。しかし、「病気」とした以上、李学部大臣は出勤できず、御前会議にも呼ばれなかった（『天皇の韓国併合』、『明治外交秘話』）。

日本では、桂太郎首相が帰京できなくなるなど、関東大水害は韓国併合に関する交渉を阻害するものとなったが、韓国では交渉を円滑に進めるための隠れ蓑《みの》として、関東大水害が利用されていた。別の見方をすれば、他国の災害に公式に同情を示すという行為が隠れ蓑として使えるほどに、東アジアでも一般的になっていたのである。

一九一〇～一一年、中国中部飢饉

日本が大水害に見舞われた一九一〇年の終わりに、再び清国で飢饉が発生した。

一二月二一日に有吉《ありよし》明《あきら》上海総領事から小村寿太郎外相宛に送られた公信では、次のように述べられていた。

安徽省および江蘇省北部の数十州県で二五〇万余人が飢餓に瀕し、清国の地方官憲と有志者が救助に尽力している。今回、上海在留外国人の有志者が義援団体を設立し、日本側にも賛助要請があった。日本の横浜正金銀行上海支店長が同団体の名誉会計に推挙され、金銭の収納に当たっている。隣国の被災者の窮状と、以前に日本の水害などで清国の官民より義援金送付があったこと、清国人と外国人の熱心な同情からみて、日本からもしかるべき筋または団体を通じて義援金を募集し、善隣友好を全《まっと》うすることは、日清の国交上に役立つことが少なくない（外務省記録「救恤及義捐金《ぎえんきん》雑件」第一巻、外務省外交史料館所蔵、以下、本史料による）。

同文書を受け取った外務本省側は、欄外に次のような書き込みをしている。最近の水害（関東大水害）では、清国皇帝よりも寄贈があったことに鑑みて、宮中よりも相当の金額を寄贈するのがよいか。ただし、在清公使の意見も聞くべきである。民間では東邦協会か全国商業会議所へ協議するのがよいか。

このように外務省では、日本からも相当の義援金を送るべきだと考えていた。日本による清国への義援金送付は、前章で述べたように盛り上がりに欠けたり、期待された効果がなかったりした。今回は記憶が新しい短期間のうちに、日清両国が義援金を送り合う経験を積むチャンスだった。ところが、そうはならなかった。

小村外相のドライな対応

一九一一年二月、小村外相は有吉明上海総領事に、以下のように回答している。

安徽・江蘇両省の飢饉の原因は、天変地異として世界の注目を引くほどでもない。日本ではこのような事実の存在すら知る者が少ない。そのため義援金を募集しても、気乗りがしないだろうことは想像に難くない。

先年、広東・広西両省地方の水害の際は広東地方で日本商品のボイコット運動が盛んなときであり、人心を緩和するうえで効果があると考え、日本から被災者に義援金を寄贈した。これは当時の格別の事情によったもので、今回の前例とすることは難しい。この際は外国人の例にならい、清国在留日本人、なかでも上海付近の在留日本人で義援団体になるべく多く義援金を拠出するだけにとどめることが適当と考える。

世界的な問題になっておらず日本国内の関心も低いことに加え、ボイコット対策として災害への義援金を送ったものの期待した効果が表れなかった一九〇八年の経験が基準になり、今回は日本国内での義援金募集は行わないとの判断がなされたのである。

翌三月に有吉明総領事より小村外相に次のような報告があった。

指示のとおり在上海の有吉と各会社や主な在留日本人より約二五〇〇円の義援金を募集して送金し、感謝された。アメリカが熱心に義援活動を行っている。アメリカ赤十字社はすでに一万ドルを送り、最近の情報では麦粉二万一〇〇〇袋を船積みし、当地に向かわせた。このほか一万ドルを送付するとのことである。

ここには中国への災害支援で、日本がアメリカに後れをとることへの有吉総領事の懸念が読み取れる。

第4章

桜島大噴火

――二〇世紀国内最大の一九一四年噴火

1　鹿児島を襲う噴火と地震

噴火、陸海軍による救援活動

一九一三（大正二）年秋、冷害や暴風雨による北海道・東北の凶作が明らかになった。北海道では米の収穫が平年六〇万石のところがわずか五％の三万石、青森県でも平年の二〇％、その他各県でも六〇％程度の収穫だった（『東北九州災害救済会報告書』）。

その救済が進められるなか、翌一九一四年一月には鹿児島の桜島が大噴火する。日本が二〇世紀に経験した最大規模の噴火として記録されるものである。

桜島の多くの集落が溶岩流に飲まれ、火山灰に埋まり、または火砕流で焼失した。名前の通り当時「島」だった桜島は、噴出物により大隅《おおすみ》半島と陸続きになる（中央防災会議災害教訓の継承に関する専門調査会報告書『一九一四 桜島噴火』。以下、基本的な事項は本書による）。

大噴火は具体的には以下のようなものだった。一月一一日早朝から有感地震が顕著だったが、翌一二日の午前一〇時頃に噴火が始まる。さらに、一八時半頃にはマグニチュード七・

一の地震も発生した。この桜島の噴火とそれに伴う地震による死者・行方不明者は約六〇人とされる。噴火や地震の大きさに比べれば被害が大きくなかったのは、事前に避難した人が多かったためである。

桜島大噴火，1914年

谷口《たにぐち》留《とめ》五郎《ごろう》鹿児島県知事は、噴火直後から原敬内相に電報で状況報告を続けている。だが、噴火の影響で通信にも障害が発生する。今後の噴火活動が見通せない状況で、拡大していく被害と、救護活動の経過を伝えるのがやっとだった。

政府が被害状況をつかめないなか、被災地の地方行政機関や軍隊は、救援に動いていた。噴火後、谷口知事は県幹部を率い、鹿児島湾岸の水上巡査派出所に出向き、桜島への救護船派遣と島民の救出などに努めている（『桜島大正噴火誌』）。

海軍は、佐世保《させぼ》軍港と沖縄県中城《なかぐすく》湾にいた艦隊から救援隊を派遣した。佐世保から向かった艦隊は、噴火翌日の一月一三日に、沖縄から向かった艦隊は一四日にそれぞれ鹿児島に到着。救護隊、防火隊、無線電信隊を上陸させ、海上では警戒や捜索、救護、通信などの活動にあたった。

陸軍は、鹿児島に駐屯していた歩兵第四五連隊がいた。それ以外にも沖縄での演習実施のために第六師団（師団司令部は熊本。鹿児島県も管轄区域）管下の部隊から組織された支隊が、鹿児島港を出航しようとしていたところだった。

知事の請求により、これらの陸軍部隊が噴火当日から救護、警戒などにあたっている。演習部隊は鹿児島での救援活動を終えた後、沖縄に向かった（『桜島大正噴火誌』）。

陸海軍とも、まず現地の軍隊が動き、それに対して中央機関が指示や調整を行っていた。これまで災害時の軍隊の活動は、陸軍が主だったが、桜島噴火では海軍の活動が目立った。

「最早大丈夫です。御心配に及びませぬ」

現地の状況を把握するために、中央から人が派遣されている。大正天皇は侍従、内務省は警保局警務課長、鉄道院も出張員を派遣していた（「大正三年桜島噴火への対応について」）。

そのなかで特別な役割を果たしたのが、やはり大森房吉だった。震災予防調査会委員として出張を命じられた大森は、一月一四日に東京を出発する。大森の出張は鹿児島県知事も求めていた。

一月一二日午前の噴火後、鹿児島市では噴火が激しくなるにつれ恐怖と不安にかられた人びとの間に、有毒ガスや津波が襲来する、熱湯の雨が降るなどの流言飛語が広まった。そうしたところへ一二日夜に大地震が起きる。人びとはパニック状態に陥り、市内から逃げ出した。

大森は一月一六日午前に鹿児島に到着し、県庁に入ると次のような見解を公表した。桜島噴火で鹿児島市にまで石が降るような危険はない。頻発する地震は火山性で、強くとも普通の木造家屋を全壊させるほどの大地震にはならない。津波については、桜島の山体の大部分が急激に海中に崩壊するような場合には多少注意が必要だが、このような大変動が起きる兆候はない。噴火のガスが鹿児島市に多く吹き付けることがあっても中毒、窒息などを起こすことはない。

新聞も大森の見解を掲載し、「最早《もはや》大丈夫です。御心配に及びませぬ」との大森の談話も報じた。

大森は一月二六日まで鹿児島に滞在し、調査研究活動を続け、県当局者、学校、商業会議所の依頼に応じて噴火に関する講演も行っている。

この間も噴火は続き、終息までに一年数ヵ月を要したので、県民の混乱がすぐに収まったわけではない。しかし、「地震学の泰斗」である大森の来訪と発言が、県民の心を落ち着かせるきっかけとなった（『桜島大正噴火誌』）。その一方、鹿児島測候所の所長は、噴火を予知できなかったとして、厳しい批判にさらされた（『復刻　桜島噴火記』）。

復旧・復興のための資金供給、地租の免除

一九一三年秋の北海道・東北凶作の救済や、一四年一月の桜島噴火被害の復旧・復興に必要とされる多額の資金は、これまでの災害と同様に、国庫からの補助や貸付け、大蔵省預金部からの貸付けによって供給された。

今回新しかった点は、帝国議会の賛成を得なければならないために時間を要す国庫の代わりに、大蔵省預金部の資金が「つなぎ」として機動的に用いられていることである。

一九一四年二月から三月にかけて、一九一三年度末までの凶作救済に必要とする資金を供給するため、北海道、青森、宮城、福島、山形の各道県債を大蔵省預金部が低利で引き受けた。その後、第三一回帝国議会で貸付金を含む一九一四年度追加予算が成立した後、四月に国庫からの無利子の貸付金への借り換えが行われた（『明治大正財政史』一三、「大正三年度歳

入蔵出総予算追加」『官報』一九一四年三月二八日）。

　桜島噴火により被害を受けた鹿児島県については、同追加予算で噴火により土地を失った住民の移住費として約六二万六〇〇〇円（当時大卒社員の初任給が三五円）の補助などが認められた。

　復旧工事費や治水費（火山灰が河川に流れ込み水害が深刻化していた）の調達のために発行された県債合計二三五万円（『鹿児島県議会史』一）については、北海道・東北凶作の救済費と同様にいったん大蔵省預金部が引き受けている。その後、国庫から借り換えを行うために、第三五回帝国議会に提出された一九一五年度予算案に、桜島爆発の復旧工事に関する貸付金として二三五万円が盛り込まれた。

　一九一四年一二月一八日の衆議院予算委員会では、地方に災害の復旧費を多額、無利子で貸し付けるのは新方針なのかとの質問が出ている。それに対して政府委員の渡辺《わたなべ》勝三郎《かつさぶろう》内務省地方局長は次のように述べている。

　無利子で資金を供給することによって地方の困難を救うことは、鹿児島県のみに限ったことではなく、一九〇五年東北大凶作の際にも同様に無利子の資金を供給した。一九一〇年関東大水害の際にも、負担が困難と認められたものは無利子で資金を供給し、きわめて低利で資金を供給した（「第三五回帝国議会衆議院予算委員第二分科会議録」第一回）。

その詳しい過程は、本書でみてきた通りだ。

日露戦争後の災害対応にならう

一九一四年一二月二五日に衆議院が解散されたため、予算案は不成立となったが、第三六回帝国議会で鹿児島県災害復旧貸付金二三五万円を含む一九一五年度歳入歳出総予算追加案が可決、一五年六月に成立し、国庫からの無利子貸付に切り替えられた（「大正四年度歳入歳出総予算追加」『官報』一九一五年六月二一日）。

日露戦後の災害対応を通じて、地方への機動的な資金供給の制度や運用が確立され、平時にも適用されていく。

これまで自然災害の被災者への地租免除は、水害を原因とした場合に限られ、それ以外は延納しか認められておらず、一九〇五年東北大凶作の際に特例として衆議院の議員提出法案により認められたことは先述の通りである。その後も同じ災害でありながら水害は免除、それ以外については原則として延納という不公平が続いた。それを是正すべく衆議院は免除への一本化を目指したが、政府（大蔵省）・貴族院の反対に遭い、実現をみなかった。

ところが、一九一四年一月の第三一回帝国議会に、それまで反対していた政府から免除に統一する災害地地租免除法案が提出される。それには前年の北海道・東北の凶作が影響していた。法案は一年遡《さかのぼ》って適用されることで、一九一三年の北海道・東北凶作の救済策にもなっていたのだ。衆議院はもちろん賛成し、貴族院でも政府提出であることに加え、凶作救済策であることが賛成を後押しする。同法は一九一四年四月から施行された（『近代日本の課税と徴収』）。

このように災害への対応がきっかけとなり、豊作・凶作にかかわらず地租の増減はしないという地租改正条例の原則に、例外が設けられることになった。

2　国内外の義援活動

東北九州災害救済会の成立

北海道・東北凶作と桜島噴火災害にも、国内外で義援活動が展開された。その中心となったのが、「東北九州災害救済会」である。同会はもともと一九一三年秋の北海道・東北の凶作を救済するために設立された。同年一二月初旬に東北選出衆議院議員と東北出身新聞記者が会合、「東北凶作救済会」の設立に向けた準備会を組織した。東京の新聞社・通信社もそれに賛同した（『東北九州災害救済会報告書』）。

立憲政友会の指導者で、自身も東北出身の原敬内相は、東北選出衆議院議員らに、財界リーダーの渋沢栄一、益田孝《ますだたかし》に相談するように勧めた。原は、こうした活動には政府も賛成だが、政府が率先して発起することはできない。だから渋沢や益田に発起を望むのだと述べ、原からも彼らに発起人となることを書面で依頼することとしている（『原敬日記』三）。

渋沢と益田は、原敬の働きかけにより凶作発生前の一九一三年八月に東北の産業振興を目的に設立されていた「東北振興会」の会頭と委員だった（「大正期の東北振興運動」）。渋沢は「東北凶作救済会」への協力を決めた。

渋沢や山本権兵衛《やまもとごんべえ》首相は、元老の松方正義（日本赤十字社社長、元首相・蔵相）に総裁就任を要請し（『原敬日記』三）、一九一四年一月六日に松方は総裁就任を承諾した。副総裁には渋沢と衆議院議長の大岡育造《おおおかいくぞう》が就任、一三日に帝国ホテルで発起人会を開くことにした。会の目的は、一九一三年東北地方の凶作への臨時救済のため、義援金および物品を募集し、応急にこれを分配することで、事務所は衆議院図書館に置くことになった（『東北九州災害救済会報告書』、『政友』一六三）。

総裁に松方正義、副総裁に財界から渋沢栄一、政界から衆議院議長が就任し、事務所は衆議院図書館に置くという組織と人事は、一九一〇年の関東大水害の際に組織された「臨時水害救済会」と同様であり、関係者たちもその「例を襲った」「例に倣った」と認識していた（『原敬日記』三、「渋沢栄一日記」）。このように関東大水害時の経験が、大規模災害時における国を挙げての義援活動のモデルになった。

そして「東北凶作救済会」の発起人会が帝国ホテルで開かれようとしていた前日の一月一二日に桜島が大噴火した。

一月一三日の発起人会では、阪谷芳郎《さかたによしろう》（東京市長、元蔵相、渋沢の女婿《じょせい》）から、東北凶作の救済とともに桜島噴火の被害も救済する必要があるとの提案があり、趣意書・規約をいったん原案通りに決定したうえで、桜島の災害を調査してから改正を行うことになった。一五日に評議員会が開催され、趣意書・規約が改正され、会名を「東北九州災害救済会」と改める。

さらに、三月一五日には秋田県で地震（仙北《せんぼく》地震、死者九四人）が発生したため、同会は義援金の一部をその救済にも回している（『東北九州災害救済会報告書』）。

政財界のリーダーを組織した挙国的な義援団体だからこそ、同時に起きた複数の災害に柔軟に対応することができたのである。

国を挙げての義援活動

一九一四年一月二二日には、天皇から東北九州災害救済会に一五万円が下賜されている（『東北九州災害救済会報告書』）。天皇から下賜があったのも、一九一〇年の関東大水害の臨時水害救済会（一万円）と同様だった。

天皇・皇后は、東北九州災害救済会とは別に、二月に北海道・東北（北海道・青森県・宮城県・岩手県・福島県・秋田県・山形県）の凶作に九万円を、三月に鹿児島県下の桜島爆発に一万五〇〇〇円を、四月に秋田県下の地震に三〇〇〇円をそれぞれ救済のために下賜している（『官報』一九一四年二月一二日、三月七日、四月六日）。この点も関東大水害時と同様である。

一月二五日、東北九州災害救済会は、山本権兵衛首相、原敬内相、牧野伸顕《まきののぶあき》外相、高橋是清《たかはしこれきよ》蔵相、斎藤実海相など、被災地の鹿児島・東北出身閣僚、渡辺千秋《わたなべちあき》宮相、華族、実業家、政治家、新聞関係者などを帝国ホテルに招待した。

会合では、東北と九州の被災地を視察してきた内務省職員からの報告、渋沢副総裁などからの寄付の要請が行われた。山本首相は救済会の活動を、きわめて時宜《じぎ》に適し、政府も深く同情するとした。さらに天皇の多額の下賜金について誠に感激に堪えざるところなどと述べ、救済会への政府や天皇の賛同をアピールした（『東北九州災害救済会報告書』、『東京朝日新聞』一九一四年一月二六日）。

募金受付は一九一四年七月一一日まで行われ、総額約一七五万円に達した。このうち各新聞に寄付の呼びかけを掲載した広告料に相当する新聞社の寄付額や事務費を除いた約一六九万円が救済に使われた。このほかにも慰問袋約三〇万五〇〇〇袋や寄贈物品九〇〇点以上が分配された。外国人（日本在住者を含む）からも約一一万円の応募があったが、このことについては後述する。

義援金使途の指定

一九一〇年の関東大水害時の臨時水害救済会の義援金は、内務省を経て各府県に分配されたが、東北九州災害救済会による義援金などの分配は、まず寒さと飢えに直面している者を救うためとして、一月二三日に二三万円を直接各道県（北海道・青森県・鹿児島県に各五万円、岩手県・宮城県・福島県に各二万円、秋田県・山形県に各一万円）に分配し、その後、内務省を経由するようになる。救済の目的に合致した臨機応変な措置だった。

東北九州災害救済会は、義援金をなるべく有効に使おうと、次のような使途を指定した。

（一）凶作、水害、噴火によって飢餓に瀕している者への食料や被服の給与
（二）被災者の肥料、種籾、種苗など、購入資金の補助
（三）被災者の事業の助成
（四）被災者が他の地方に移住する費用の補助
（五）被害地の学齢児童保護に関する慈善的施設の補助
（六）以上各項を実施して残余がある場合は、市町村救済基金に寄附し、その運用は市

町村に委任する。

ただし、被災者の救済を目的とする工事または事業であって、国庫もしくは府県郡市町村費をもって支弁すべき性質のものに、この義援金を使用する場合は、前諸項に含まない。

このように、原資が民間からの義援金であることから、使途は被災者の生命を守るものと、生業支援や授産などの生活再建に関わるもの、学童保護に関わるものとされ、本来、公金によって支弁されるべき事業は除かれている。

一九一四年七月に被災地の地方長官から提出された救済金の処理に関する報告によれば、各地とも同会の決定した使途条件に準拠した使い方をしていた(『東北九州災害救済会報告書』)。

海外の報道、アメリカ大統領の呼びかけ

桜島噴火の報は海外にも伝えられ、アメリカ、イギリス、イタリア、スペイン、中華民国、ポルトガルなどの元首らからも見舞いのメッセージが届いた(『大正天皇実録　補訂版』第四)。海外紙も日本の被害を同情をもって伝えている。

イギリスでは、『タイムズ』紙（一九一四年一月一四日）が「日本の災害」と題する記事で東京特派員による鹿児島の噴火・地震と東北の飢饉のニュースを報じている。

さらに「日本の地震と飢饉」と題する記事も掲載され、イギリス社会で日本人への同情が広がるだろう、たしかなことは、災難の程度が最終的にどのようなものとなろうとも、日本の国民と政府は、沈着、不屈の勇敢さで対処するだろう、彼らはいつもそうした勇敢さで、逆境に直面しては、乗り越えてきたのだと、日本について好意的に報道している。

アメリカでも『ニューヨークタイムズ』紙（一九一四年一月一四日）が桜島噴火のニュースを報じた。さらに「日本の災害」という記事では、アメリカで救援のために有効な手段が迅速に講じられるだろう、それはアメリカ人が日本の被災者に抱く同情にふさわしい規模のものとなることを確信している、と述べていた。

一月一五日には、ウッドロー・ウィルソン米大統領が、アメリカ赤十字社の名誉総裁として声明を発し、赤十字を通じた日本人被災者への援助を訴えた。

声明では、私たちの姉妹国である日本が二つのとても深刻な災害に苦しんでいる。東北地方の凶作によって何十万もの人びとが徐々に訪れる飢餓のひどい苦しみに瀕し、九州では突然の大規模な火山噴火によって人口密集地区に多数にのぼる死と荒廃がもたらされた。私は、わがアメリカ人の人間愛に訴える。援助のために惜しみない貢献をすることで、とても多くの人びとの苦悩と苦痛への同情を表現してもらいたい、と述べられていた（『ワシントンヘラルド』一九一四年一月一六日）。

九割を占めた米中英、アフガニスタンからの義援金

日本への同情が義援金につながった。各国の動きは日本の在外公館を通じて、日本に伝えられていた。

各国大使は、その状況を牧野伸顕外相に伝えている。たとえば、井上勝之助《いのうえかつのすけ》駐英大使は、災害報道の影響で、イギリス人のなかに被災者に同情を寄せ、大使館に問い合わせや義援金の転送を依頼しに来る者があるので、被害の現状や救済方法についての情報提供を要請している。

飯島亀太郎《いいじまかめたろう》ニューヨーク総領事も、アメリカの同情的な災害報道と義援の動きを伝え、このような人心の傾向を利用し、アメリカの有力な新聞社に図って広く義援金を募集させ、日本への好感情を惹起《じゃっき》させるのも一策ではないか、と提案している（外務省記録「変災及救済関係雑件　鹿児島県下震災及東北地方饑饉救助ノ件」第一巻、外務省外交史料館所蔵）。

東北九州災害救済会に寄せられた外国や外国人からの義援金は、先述した通り一一万余円だった。内訳は、金額が多い順に、アメリカから約五万円（アメリカ赤十字社から二万円、ロ

ックフェラー財団から約二万円）、中国から約二万四〇〇〇円（奉天《ほうてん》都督兼民政長張《ちょう》錫鑾《しゃくらん》から約一万八〇〇〇円〈二万元〉）、イギリスから約二万二〇〇〇円、アフガニスタン皇帝から約一万円（一〇〇〇ポンド）など、上位四ヵ国で全体の九割以上を占めた（『東北九州災害救済会報告書』）。

一九一三年の北海道・東北凶作と一四年の桜島噴火への対応は、過去の災害の経験を参考に、またはその影響を受けて行われていた。同様の対応であっても、規模やスピード、手法は発展してきていた。

第5章 東京湾台風

――一九一七年の暴風雨と高潮

1　高潮による海水浸入——海岸から八キロの内陸まで

強力な台風と東京湾の高潮

一九一七（大正六）年九月三〇日から一〇月一日にかけて日本列島を強力な台風が襲う。中央気象台によると、フィリピン海上に発生した台風は、九月三〇日夜半頃に駿河《するが》湾から沼津付近に上陸、一〇月一日未明に浦和《うらわ》付近を経て、東北、北海道を縦断、二日オホーツク海に抜けた。

東京では一〇月一日午前三時三〇分に最低気圧七一四・六水銀柱ミリメートル（約九五三ヘクトパスカル）を観測、これは中央気象台創立以来、東京の最低記録だった。銚子《ちょうし》では一日午前三時三〇分に最大風速が五〇・八メートル／秒、東京でも同日午前三時に三九・六メートル／秒に及び、本州中部から東北地方にわたって死傷、家屋の倒壊、交通機関の破壊、浸水、船舶の流失などの甚大な被害をもたらした。特に被害が大きかったのは、東京、千葉、茨城、神奈川の各府県で、東京湾では近年稀にみる高潮が起きていた。

全国の死者は一一二七人、行方不明者は一九七人、負傷者は二〇二二人。うち東京府での死者は五〇四人、行方不明者は五八人、負傷者は九六一人で、その半分近くを占めた。東京府では家屋の被害も甚大で、全潰四〇一九戸、半潰四七一六戸、流失一〇八七戸、床上浸水一三万一三三四戸、床下浸水四万九〇〇四戸にのぼった（一〇月一〇日午後四時までに内務省到着の報告。『気象要覧』二一四）。

また、高潮によって海水が浸入した区域は、東京付近のみで一四方里余（約二一六平方キロメートル）に達し、海岸より二里（約八キロメートル）離れたところでも浸水があった。被害が最も甚大だったのは江戸川右岸で、南葛飾郡《みなみかつしかぐん》砂村《すなむら》（現江東区の一部）・葛西村《かさいむら》（現江戸川区の一部）ではそれぞれ二〇〇人前後の死者を出している（「東京湾内津浪調査」）。

被災者たちの回想が災害時の様子を伝えている。たとえば、砂村在住で当時一二歳、のちにフランス文学者となる田辺貞之助《たなべていのすけ》は、その夜のことを次のように書いている。

暴風雨は夜半ごろからいっそう激しさをましてきた。家がゆれる、戸障子が鳴る、雨がほうぼうで漏る、ただならぬ呻《うめ》きが家のまわりにみなぎっているようだった。ときどき風が一段と強くなって、家を土台ごとさらって行きそうにゴーゴーと吹きまくる。それと同時に雨がさらにはげしくなって、滝のように雨戸を打つ。身がちぢまるようであった。
（『江東昔ばなし』）

田辺によると、午前三時頃、どこかで「チョロチョロ、シャラシャラ」という音が聞こえだし、姉がなにげなく雨戸を開けると、屋内に水が流れ込んできた。家族は、近所の貸家の住人ともども二階に避難した。二階にも水が上がってくるかもしれないと心配したが、水位の上昇は止まった。田辺らはそうしたなか、人がしがみついている家が濁流に流されていくのを目撃している。

演劇研究者の河竹繁俊《かわたけしげとし》（当時二八歳）は、本所南二葉町《ほんじょみなみふたばちょう》（現墨田区亀沢《かめざわ》）に住んでいたが、やはり午前三時頃、ゴウゴウというものすごい暴風雨で目が覚めた。「砂礫《されき》をとばし根太板《ねだいた》も吹き上げるような強風」だった。水も来ていたので、母が一九一〇年の関東大水害の経験から用意してあった三尺（約九〇センチメートル）の「組み立て台」を床の上に立て、畳と夜具などを載せた。結局、浸水は床上一尺だった。夜が明けると、あちこちにあった太い椎《しい》の木が全部倒れ、庭の周囲にあった竹垣もすべて倒されて、隣が丸見えになっていた（河竹繁俊「私の履歴書」）。

暴風は田辺や河竹が住む下町だけでなく山の手にも吹き荒れた。のちに気象学者となる大《おお》谷東平《たにとうへい》は当時小学生だった。大谷は著書『暴風雨』のなかで、一晩中、家が揺れて恐ろしく、

東京湾台風の高潮による被害を受けた東京洲崎（上）／暴風で上野公園の大木が数十本倒された（下），1917年10月

瓦《かわら》は間断なく飛んで二階の天井からは滝のような雨漏りで居場所がなく、階下に逃げ出した。家屋の揺れは関東大震災のときとほとんど変わりなく、いまにも倒れるかと怖かった、と記している。

一九一七年東京湾台風では、高潮の被害に加え、暴風による被害も大きかった。瓦職人の新井茂作によれば、屋根が破損して仕事が一挙に増え、手間賃も跳ね上がったため、職人の間ではこの暴風を「世直し風」と呼んだという（『職人衆昔ばなし』）。

東京府の救援活動

行政機関は被災状況の把握と救援にあたった。井上友一《いのうえともいち》東京府知事は被害発生当日の一〇月一日午後と翌二日午前に被災地を視察している。二日夕には天皇も侍従を差遣し、被害を視察させている。三日には後藤新平内相も視察を行った（『読売新聞』一九一七年一〇月三日、四日）。

被災地では、浸水による衛生状態の悪化や、物資不足とそれに伴う物価高騰が懸念され、救援・復旧作業での人手も不足していた。一〇月二日、警視庁・東京府は浸水地に衛生上の注意を行った（『警視庁・東京府公報』）。三日には、東京府知事が郡役所・市役所・区役所・町村役場に訓令を発し、被災地の職員にはいっそう奮励して機敏に対応すること、被害が少ない隣接地の職員には応援に出向くことを求めた。また、府民には、次のような告諭を発した。

一、被災地に必要な物資材料の供給は目下の急務であり、府において応急の措置をとりつつあるが、白米商・木材商などの業者は、同情の念により努めて廉価《れんか》に物品を供給し、暴利をむさぼらないように互いに注意すること。

二、道路や河川交通の障害物の片づけ、特に重要な橋梁・道路の修繕は急務中の急務である。これらの復旧については、当該地域はもちろん最寄り地域の青年団・在郷軍人会などにおいて、この際当局者と協力し、義勇の精神により十分援助を与えてくれることを望む。郡部被災地、特に南葛飾郡の沿海の村落は目下、飲用水・食料および医療のため運搬船および船夫の不足を感じることが甚大であり、これもまた最寄り諸団体において至急応援を望む。

東京府は、被害が深刻で避難所も開設できなかった南葛飾郡の葛西村、砂村、荏原《えばら》郡の羽田村（現大田区の一部）について、バラック式長屋を建設し被災者を収容した。

被災者への物的支援では、公費や義援金品、軍需品の転用によって食料や日用品の配布を行った。鉄道院は義援品の無賃輸送、被災地向け建築用材、米麦その他の食料品、衣類、家具類の運賃五割減の措置をとり、逓信省も同様に船賃の無賃化や割引に協力した。状況が落ち着いてくると、物資の無料配布は逐次中止され、生活必需品の廉価供給と就業に必要な資料の交付や職業紹介、資金の貸付け、病人の救療、幼児の保育、高齢者や障がい者の収容などの支援へと切り替わっていく（『大正六年十月東京府風水害救済概要』）。

青年団・在郷軍人会などの活動

行政の対応能力を超えた被害が出た地域の首長は、軍隊に応援を求めた。

先述したように、陸軍の災害時における出動は、一九一〇年三月の法令改正によって明文化され、本格的に行われるようになっていた。制度上、軍隊への出動請求ができるのは府県知事（東京府では警視総監）だったが、一九一七年東京湾台風では、陸軍は東京市内の京橋区長や深川区長からの請求にも応じて出動した。こうした臨機応変の対応が行われたことからみても、軍隊の災害出動制度が社会に定着していたことがわかる。出動した陸軍部隊は食料の配給や、各種工事・作業にあたっている（『軍隊の対内的機能と関東大震災』）。

東京府知事が府民向けの告諭で、最寄り地域の青年団・在郷軍人会などの諸団体に協力を呼びかけていたことからもわかるように、内務省・文部省の指導下の青年組織である青年団や、在郷軍人会の災害支援活動が目につくが、それはこの一九一七年東京湾台風からである（鈴木淳『関東大震災』）。

彼らは、警察の指揮監督下に市町村ごとに設けられた消防団体である消防組などとともに、人命・財産の救助、道路・水路の障害物撤去、倒壊家屋の撤去、橋梁その他の応急修繕、飲料水・義援品などの運搬、死体の捜索など、行政と協力して活動した。

日本赤十字社などの医療団体は被災地に救療班を派遣した。仏教、神道、キリスト教、天理教などの宗教団体は、金品配付、炊出し、追悼、救療、収容、片付け、衛生講話など、婦人団体は金品の寄贈、慰問隊の派遣や慰問袋の配付など、東京府師範学校の生徒は被災小学校の片付け、児童の慰問など、それぞれの特色を生かした活動を行っている（『大正六年十月東京府風水害救済概要』）。

井上友一（1871～1919）
内務官僚．石川県出身．帝国大学法科大学卒業後に内務省入省．社会事業への関心が強く，地方改良事業に尽力．1915年7月から東京府知事に．19年6月在職中に死去

また、東京湾台風襲来の八ヵ月前の一九一七年二月には、井上友一東京府知事の提唱により、社会事業団体を組織した東京府慈善協会（東京都福祉事業協会の前身）が設立され、会長には井上府知事が就いていた。行政の側も、行政の仕事を補助する存在と

して民間団体に注目し始めていたのだ。

東京湾台風による被害発生から一週間後の一〇月八日、東京府慈善協会の会員団体約六〇が集まり、災害救援を組織的に行うため協議会を開いた。各団体は収容者数の臨時定員増を決め、被災地の要救助者を収容した。

大正時代に入り、公的団体だけでなく民間団体の社会的活動も盛んになり、災害時にも活躍していた。行政も彼らの利用を考えるようになっていた。

渋沢栄一らの義援活動

これまでと同様に義援活動も展開された。活動を主導したのは、「東京風水害救済会」である。

一九一七年一〇月三日に財界のリーダーである渋沢栄一と中野武営東京市会議長、藤山雷《ふじやまらい》太《た》東京商業会議所会頭の三人（渋沢は元会頭、中野も前会頭）が兜町《かぶとちょう》の渋沢事務所に集まり、被災者救助のために寄付金を集める団体を組織することを決めた。井上友一東京府知事の同意も得て、井上、渋沢、中野、藤山の連名で招請状が発せられ、四日に東京商業会議所で会合が開かれた（『東京風水害救済会報告書』）。

会合では、井上東京府知事、宮川鉄次郎《みやがわてつじろう》東京市助役（東京市では一九一七年八月の奥田義人《おくだよしと》市長の死後、後任市長が決まっていなかった）から、被害と救助の状況について説明があった後、渋沢からの救済団体設立の提案が満場一致で可決され、参会者一同を発起人として「東京風水害救済会」を設立することになった。創立委員会が設けられ、井上、渋沢、中野、藤山のほかに三井、岩崎、大倉、森村《もりむら》、古河《ふるかわ》の五つの財閥家当主、宮川東京市助役がメンバーとなった。

新聞報道によれば、渋沢は次のように述べている。

東京湾台風は東京市だけでいえば、一九一〇年関東大水害よりはるかに大きな惨害である。先年は「東京水災善後会」ができて市部だけで一七万円集まった。今日の物価では少くとも二〇万円（当時大卒社員の初任給が三五円）以上なくては足らぬ。市会議長、商業会議所会頭はじめ知事や助役にも、また五人の大富豪にも委員になってもらってなるべく広く多く集めたいと思う（『東京日日新聞』一九一七年一〇月五日、『東京風水害救済会報告書』）。

渋沢は、一九一〇年関東大水害時の「東京水災善後会」の経験を踏まえて、対応を考えていることがわかる。

一〇月五日に設立趣意書・規約が定められ、翌六日には帝国ホテルに東京の各新聞社の代表を集めて協力を求めた。会の目的は、東京府下の風水害被災者の救済と必要な施策を行うことで、救済の範囲は東京府の付近までも可能とされた。事務所は東京商業会議所内に置かれた。会長は渋沢、副会長は中野である。特に意識したのは水害後の衛生状態悪化による感染症流行の予防だった。

同会は直接事業を行うのではなく、府県や市の当局者に事業を立案させ、そこから緊急の度合いを検討し、会の目的に合致した事業を承認、経費を支出し、事業の実施をチェックする方法を採った。これは一九一〇年の「東京水災善後会」と同じ方式である。

予想額を上回る義援金

寄付募集は一〇月二〇日を締切りにしたが、最終的に集まった金額は、当初渋沢が考えていた二〇万円を大きく上回る約六五万円だった。同会は東京府に二〇万円、東京市に二〇万円、千葉県に四万円、茨城県に一万五〇〇〇円、神奈川県に一万円、福島県に五〇〇〇円などの交付を行う。残額の約一五万五〇〇〇円は将来に備え、東京府下における臨時災害救済金として保留し、東京府知事・東京市長・東京商業会議所会頭に寄託した。

東京風水害救済会の義援金によって行われた事業は、東京府では浸水地への消毒液配付、倒壊家屋の復旧補助、米麦などの廉価供給、毛布その他寝具類給与、バラック式収容所建設、汚物掃除費補助、窮民救済委託補助、就業器具類交付、就学用品補助などである。

東京市では浸水地への消毒薬配付、浸水地への医師巡回、浸水地への飲料水供給、白米の廉価販売、毛布・むしろの供給、家具補助金、死亡者遺族と重症者への見舞金、生活困窮者家屋の下掃除施行などだった（『東京風水害救済会報告書』）。義援金は公的資金の補充としてだけでなく、当時公的資金の支出が認められていなかった分野にも使われ、被災者の衛生や生活再建を支えた。

天皇・皇后からも被災者の救助のためとして、東京府に五万円、千葉県に二万五〇〇〇円、茨城県に二万円、神奈川県に七〇〇〇円が下賜された。その他の府県にも福島県に四〇〇〇円、大阪府に一八〇〇円などの追加の下賜があった（『官報』一九一七年一〇月九日・一〇月二二日）。

東京湾台風では、一九一〇年の関東大水害や一三年の北海道・東北凶作と一四年の桜島噴火の際のような、衆議院が中心となった挙国的な義援組織はつくられていない。複数の府県にまたがる災害とはいえ、深刻な被害は東京およびその周辺の湾岸部に集中しており、東京商業会議所中心の組織で十分と考えられたからだろう。

物価高騰と警察による初の取締り

東京湾台風後、米などの食料品の価格が高騰を始めた。農商務省は一〇月五日に一九一七年米の第一回予想収穫高（九月二〇日現在）を発表し、同年の収穫高を前年より約九三万石増、平年より約六三万五〇〇〇石増の約五九〇〇〇万石と予想したうえで、暴風雨の影響は、さしたることはない見込みと発表し、不安の解消や投機の抑制に努めた（『官報』一九一七年一〇月五日）。

農商務省では岡実《おかみのる》商工局長、仲小路廉《なかしょうじれん》農商相が談話を発し、地方からの米の輸送を急ぎ、「暴利」を得ようとする「奸商《かんしょう》」を厳しく取り締まる決意を表明している。後藤新平鉄道院総裁（内相と兼任）も、鉄道の復旧が進んでいること、米の輸送を優先することを発表した（『東京朝日新聞』一九一七年一〇月四日、『読売新聞』同前、『東京日日新聞』一〇月五日）。

一〇月五日、東京府会は全員協議会を開き、府知事などから水害状況の報告を受けたのち、暴利をむさぼる「奸商」が少なくないので、罰則付きの警視庁令を発し、速やかに取り締まることを望むなどの件を可決した（『東京府史　府会篇』六、日付は新聞報道により補正）。

東京府では、食料品・建築材料を扱う組合・市場の責任者を府庁に呼び出し、戒告を与え、組合員や業者に伝達させた。

この間、警視庁は一〇月五日夜に全管下で極秘裏に物価の実態について一斉調査を行った。その結果、悪質者が多いことを確認、翌六日には、水火災その他事変に際し、みだりに日常生活に必要な物資の代価を上げ、不正の利益を図った者は、拘留または科料に処するとする庁令（警視庁令第二一号）を発し、取締りに着手した。これは日本で警察が暴利取締りを行った最初の事例である（『警視庁史』大正編）。

こうした商業者への批判や取締りの強化を受けて、一〇月八日午後、東京商業会議所と実業組合連合会との懇談会が開かれた。商業会議所からは藤山雷太会頭と中野武営前会頭、実業組合連合会からは星野錫《ほしのしゃく》会長ほか三一組合代表者が出席し、各組合員は相互に戒めて警視庁令に抵触するようなことがないように懇談を遂げている（『東京商業会議所月報』一〇—一〇、「災害に現はれたる日本商人の欠点」）。

こうした動きの背景には、第一次世界大戦に起因する好景気に伴う物価上昇が社会問題化していたことがある。東京湾台風の一ヵ月前の九月一日には農商務省令第二〇号で暴利を目的とする売買の取締に関する件（暴利取締令）が公布・施行されていた。そうした情勢下で、東京湾台風による物価急騰が起き、被災者救済のための対応を求める世論の後押しも受けて、警察による本格的な暴利取締りが実施されたのである。

取締りの方法は、刑事が客に変装し商店で品物を購入、その価格や品質を調査し、価格が高い場合、その商人を呼び出して処罰、あるいは戒告するというものだった（『東京朝日新聞』一九一七年一〇月一〇日）。

2 災害対策の見直し――技師、知事らの意見

田村與吉技師の提言

当時東京市河港掛長だった東京市技師田村與吉《たむらよきち》は、『土木学会誌』（一九一八年四月）に「災後に於ける東京市河海応急施設」を寄稿し、風水害とその対応について次のように述べている。

まず「海嘯《かいしょう》的波浪」（高潮や津波）に対する防備の現状について。東京市には海岸や元海岸の一部に堤防はあるが、一定の型式あるいは統一したものではない。ある一時の目的のために海浜を使用する都度、海水の浸入を防御するため、それぞれ堤防を築造したに過ぎず、「人家充実せる都会地」の高潮を防御する堤防として考えられたものではない。そのうえで田村は今回の被害の原因について、本格的な高潮対策が行われていなかった地域が都市化し、そこに高潮が襲来したため、江東地域で大きな被害が出たとした。

また、沿岸構造物が破壊された主な原因については、風波に加え、木材や船舶などの漂流物の衝突を指摘している。

結論では、今後の高潮対策として、堤防の建設や地盤のかさ上げの主張について、都市の

発展には交通が重要であると指摘し、堤防や地盤の高さも、水陸連絡上の見地から考慮されなければならない。沿岸地帯の標高は、今回の浸水や地形を考え合わせ、平均一四尺（約四・二メートル）前後とする。その他は築港（港湾建設）計画に基づいて防波堤を建設し、平時ならびに非常時の利用に供する計画にするのが最も緊要とした。

そして最後に、高潮に対する被害の防止策を、以下のようにまとめている。

一　沿岸地帯は水陸連絡上の支障とならない程度に地面を高くすること。
二　平時ならびに非常時において利用できるような防波堤を海中に建設すること。
三　船舶、木材などの繋留《けいりゅう》物の漂流を防ぐこと。
四　「防水団」を組織し漂流物の衝突その他の被害の緩和に努力させること。
五　人家少なく水陸連絡の必要のない閑散地では堤防を建設し、かつ堤防外に植樹帯を設けること。

これらを実行すると同時に自然現象の観測設備を充実させ、予報・防災などの研究資料の確実を図ることは最も必要だろう。

都市化に災害対策が追いついていなかったこと、高潮を防ぐには堤防も地盤も高いに越したことはないが、高くし過ぎると海との連絡を阻害するなど、田村の指摘は現代にも通じる。

この後、東京築港事業は予算の問題や、ライバル港を持つ横浜市の反対もあって本格着工には至らなかった。この間も江東地域は浸水被害に悩まされたため、東京市は一九二三年度から東京築港に向けた事業でもあった隅田川口改良工事の浚渫《しゅんせつ》土砂を利用し深川・本所両区での盛土工事に着手、七月半ばには測量・設計を終え、近く請負工事に付する予定となっていた（『読売新聞』一九二三年七月一五日）。

まもなく九月一日に関東大震災が発生し、浚渫土砂を利用する事業は中止となったが、震災の瓦礫を用いて行う盛土工事が実施された（『ごみと日本人』）。『東京朝日新聞』（一九二四年三月五日）は、本所・深川両区に瓦礫が運び込まれ、隅田川を除いた河川の川岸地には高さ一〇尺（約三メートル）の堤防兼道路が築かれ、住民が悩まされていた出水騒ぎの心配もなくなるなどと述べている。

しかし、江東地域ではその後地盤沈下が進み、再び高潮対策が求められることになる。

教訓と将来の対策

東京湾台風は、災害対策の検討・策定の新たなきっかけとなった。そこでは井上友一東京府知事が指導力を発揮していた。以下では、災害史研究者の北原糸子の論文（「関東大震災の行政対応策を生み出した大正六年東京湾台風」）を参考にしつつ井上府知事の果たした役割について、より詳しくみていきたい。

災害発生から一週間後、一九一七年一〇月八日の『東京朝日新聞』には、災害から得られた教訓に関する東京府知事、警視総監、東京市助役の談話が掲載されている。一〇日の『東京日日新聞』は「暴風雨を敵として非常法令発布の下準備を始む」と題する記事で、次のように述べている。

日本国民は暴風雨中に居住しているも同然だ。いつ脅かされて憎むべき魔の手に翻弄《ほんろう》され、噛《か》みつかれ蹂躙《じゅうりん》されるかわからない。後藤新平内相は東京湾台風に鑑みて、将来の災害に適応する制度改革の必要を感じ、井上府知事にその成案を求め、知事は目下調査考究中だという。

新たな災害対策の立案には後藤新平の関与もあった。なお、後藤は関東大震災時に内相として災害対応・復興にあたったことでもよく知られる。

井上友一東京府知事の意見書

井上の遺稿集に収録された「非常災害に対する法令及施設の改善に関し建議したる意見書」（一九一七年一〇月二三日）が、その名称や内容、日付からみて、後藤内相に提出された意見書と考えられる。

意見書は大きく四項目に分けられている。それらは①罹災救助基金法（府県に大規模災害時の救助資金を貯蓄しておくことやその使用方法などを定めた法律）の改正、②行政執行法（行政官庁に天災や事変などの場合に「危害予防」もしくは「衛生」のため必要と認めるときは、土地・物件の使用・処分または使用制限を行うことができると定めていた）の改正、③軍隊および各行政機関との協力、④その他の注意点である。
①「罹災救助基金法中改正を要すべき点」としては、次のようなことを挙げている。
・罹災救助基金で、船・車・馬その他の運搬用具もしくは労力の借上げ・雇上げ、生活必需品の廉価供給ができるように規定すること。
・被害の発生が予測される地域には、あらかじめ非常災害の場合に要する食品・炊出し用具・被服・小屋掛材料・舟や車・給水用具・治療用品など、応急救助に必要な物資を貯蔵する倉庫を設置し、その費用は罹災救助基金から支出するようにすること。
・罹災救助基金から支出すべき費目中に新たに「就学費」を設け、小学校児童のため教科書と学用品を無代または廉価で給与すること。
②「行政執行法中改正を要すべき点」としては、次のようである。
・非常災害に際して、応急救助に要する食品・船・車・馬その他の必要な物資の「徴発」

（強制的に徴収すること）または使用の権限を行政庁に与えること。
③「軍隊及各行政庁の共助に就き規定を要すべき点」としては、次のようである。
・各行政官庁、特に各府県の間に「非常時に於ける事務共助規定」を定めること。
・非常の事変または災害に際して、行政庁が軍隊の出動、その他の援助を要求し得る範囲をさらに拡張すること。
・非常災害に際し、逓信省は府県の要求に応じ、迅速に非常電話を架設するよう規定を設けること。
・非常災害に際し、鉄道院は府県の要求に応じ、一定貨物の無賃、または割引輸送をするように規定を設けること。
④「右の外《ほか》行政の実際上平時注意を要する点」としては、次のようである。
・官公庁または小学校を一定の高所に設け、または堅牢《けんろう》な二階建てとし、非常災害の場合における文書保存、もしくは被災者の避難場所とすること。
・高潮被害防止のため必要な防波堤の高度および構造を調査、完成し、必要な地には防風林を設けること。
・沿海埋立工事の許可に際しては、防波堤もしくは防風林の設備を条件とすること。

被災者の支援拡大

これらの意見がどうなったのか、主なものをみてみよう。

一八九九（明治三二）年に施行された罹災救助基金法は、時代や社会の変化に対応した改正だけでなく、二〇年間の施行期間が満了に近づいていたために、法を存続させるうえでも改正が必要だった。

東京湾台風前の一九一七年一月に第三八回帝国議会の貴族院に提出された改正案では、基金の貸付・運用の範囲拡張、府県の積立額の均一化、従来の物品による救助に加えて例外的に金銭による救助も可能とすること、法の施行期間の規定を削除することが盛り込まれていたが、衆議院が解散されたため、審議未了となる。

台風後、第四〇回帝国議会に再度提出され、一九一八年三月に成立した改正案では、さらに基金から支出できる費目について、従来の避難所費、食料費、被服費、治療費、小屋掛費、就業費に加えて、井上意見書にあった学用品費、運搬用具費、人夫費への支出が可能になったほか、すでにあった就業費（就業のために必要不可欠の資料・器具を給与する）についても救助対象を「貧民」に限定する文言が削除された（一九一八年法律第一九号、『官報』一九一八年三月二九日）。

このように、罹災救助基金法の改正では、すでに準備されていたことに加えて、一九一七年東京湾台風の経験を踏まえて、支出や対象の範囲が拡大された。

一方で、行政執行法の改正による徴発権などの付与は認められなかった。けれども、のちにみるように一九二三年の関東大震災時では発生翌日の九月二日に緊急勅令で非常徴発令を施行し、知事が徴発を行えるようにする。改正こそ実現しなかったが、一九一七年東京湾台風時に課題として、すでに認識されていたのである。

行政機関の非常災害態勢整備

軍隊および各行政機関との協力に関する事項については、すでに先行研究で指摘されているように、一九一八年五月に東京府は「非常災害事務取扱規程」を定めた。規程は、東京府庁向け（東京府訓令第一二号）、郡役所・市役所・区役所・町村役場など向け（同第一三号）の二本立てである。非常災害時に、それに対応した特別な態勢をつくり、東京府を中心に郡市区町村、軍隊や各種団体との連絡統一を図り、救援の実効を上げようとするものだった。

東京府庁を対象とした規程は一六ヵ条から成る。非常災害の場合に必要と認めるときは、総務・救援・物資・工事・会計の五部から構成される「臨時救済委員」を設置するとしていた。委員総長には内務部長、総務部長には救済課長、救援部長には学務兵事課長、物資部長には農商課長、工事部長には土木課長、会計部長には会計課長をあて、各部員は関係する課員から選抜することになっていた。

郡役所・市役所・区役所・町村役場などを対象とする規程は一一ヵ条から成る。災害発生が予期されたときの準備、上部機関への報告、発生時の対処方法などを定め、さらに区町村長に非常災害事務取扱規程を、東京市長に両訓令に準じて災害救済に必要な処務規程をつくるように求めていた。

これを受け東京市では、一九二一年一〇月一二日に東京市訓令甲第四一号により「非常災害処務規程」を制定した。規程は一二ヵ条から成り、非常災害事務を処理するため、総務・救護・工務・経理・電気の五部を置き、部長は助役・局長から市長が選定し、関係する各局課員を配属することにしていた（「東京都公文書館が所蔵する関東大震災関係資料について」、条文は『東京府大正震災誌』）。

井上府知事は先述のように東京湾台風前に社会事業団体との連携を始め、災害時にはそれら団体による組織的な救援活動も実現させていた。地方行政や社会政策にも通じ、実行力もあった井上だが、一九一九年六月に知事在任中に急死する。関東大震災時には、これらの規程が適用された。

東京で鉄筋コンクリート造小学校の建設が本格化するのは、関東大震災後の復興小学校からだが、この時点で小学校の防災や避難所化が考えられていたことも興味深い。

また、航空事業に強い関心を持ち、帝国飛行協会副会長も務めていた阪谷芳郎（貴族院議員。蔵相や東京市長も務めた。渋沢栄一の女婿）は、飛行機で被災地を偵察すれば、災害の概要がわかり、救護の方策を立てるうえで利便が少なくないだろうと、災害時の情報収集への飛行機の活用を提言している（『東京朝日新聞』一九一七年一〇月一〇日）。ちょうど、第一次世界大戦で飛行機が本格的に兵器として使用され、その性能が急速に高まっていた時期であった。飛行機も関東大震災時に活躍する。

次章では、関東大震災を取り上げるが、その前にこれまでの災害を経て、どのような災害対応体制が実現されていたのかを確認しておこう。

・他府県などへ警察官の応援派遣ができるようになった。
・軍隊の災害出動制度が定着した。
・東京では非常災害時に、それに対応した特別な態勢をつくり、東京府を中心に郡市区町村、軍隊や各種団体との連絡統一を図る規程がつくられた。
・在郷軍人会や青年団などの公的団体だけでなく、民間団体も社会的な活動をするようになった。

・救援・復旧・復興の資金として、被災地の府県・市町村等への補助金に加え、国庫や郵便貯金を原資とする大蔵省預金部からの無利子、または低利の貸出しが行われるようになった。

・被災者の地租免除の範囲が拡大された。

・罹災救助基金法が改正され、使い道や救助対象の範囲が拡大された。

・国内で組織的な義援活動が行われるようになった。

・海外から見舞いのメッセージや多額の義援金などが届いていた。

・応急救助に要するものの徴発権などの法制化は実現しなかった。

・関東大震災前の直近の二〇年間に東京周辺で起こった自然災害で、大規模な被害を生じたのは、地震ではなく風水害であった。

このように災害の経験を積みながら、二〇世紀初頭に近代日本の災害対応体制は本格的に整備されていき、一九二三年の関東大震災を迎える。近代日本最大の自然災害に際して、これまでの経験はどのように生かされたか。どのような限界がみられたか。そして、関東大震災の経験は、その後にどのような影響を与えたか。

第6章

関東大震災の衝撃

――一九二三年九月

1　激震、巨大火災――同時多発火災の恐怖

将来の大地震をめぐる不幸な論争

一八九一（明治二四）年の濃尾《のうび》地震（死者七二七三人）の翌九二年、文相の下に震災予防調査会が設置された。ここから地震に関する調査・研究が本格的に始まった。以後、震災予防調査会は過去および現在の地震の調査・研究を進めた。日露戦争終結頃から調査会での研究成果に基づいて、東京帝国大学地震学教室の大森房吉教授、今村明恒《いまむらあきつね》助教授らは、社会に向けて地震に関する知識や対策を発信するようになった。

一九〇五年九月、今村は総合雑誌『太陽』に論文「市街地に於る地震の生命及財産に対する損害を軽減する簡法」を発表した。そこでは東京での大地震の発生可能性と、地震に伴う大火災により大量の死者が出る危険性、その対策の必要性を論じていた。それは、一九二三年の関東大震災を予言したともいえるものだった。

一方で、その内容は新聞でセンセーショナルに取り上げられ、報道後の一九〇六年一月、

今村明恒（1870～1948）
地震学者．鹿児島県出身．帝国大学理科大学を卒業後，大学院で地震学を専攻．大森房吉のもと助教授．大地震と大火災の危険性について警告．1923年の大森没後教授．退官後も地震研究・震災防止に尽力

二月とたまたま東京で揺れを感じる地震が発生した。その影響もあり、大地震が発生するとのデマが流され、今村の警告は意図せぬ形で社会を騒がす事件に発展してしまう。

大森教授は騒動を鎮静化するために、今村の主張を「浮説」（根拠のない話）という強い言葉で批判、否定せざるを得なくなった。今村の信用は傷つき、同じ学問を専攻し、同じ研究室に属する二人の関係も悪化する。そして、今村の警告は生かされないまま、関東大震災を迎えることになる（『君子未然に防ぐ』）。

この不幸なエピソードは、専門家とマスメディアの立場の違い、地震学の権威としてその社会的影響を意識し、人心の安定を重んずる言動をとる大森房吉と、自らの意見を率直に述べる今村明恒の立場や性格の違いとして、近年まで理解されてきた。

しかし、今村に関わる当時の新聞報道を丹念に調べた研究によって、この今村「浮説」騒動の背景がより詳細に解明されている（『関東大震災の予見と防災対策』、『地震学をつくった男・大森房吉』）。

大森が今村説を強く否定することになったきっかけは、一連の新聞報道のなかにあった。今村の著書『地震学』（一九〇五年）に関する新聞広告である。広告はセンセーショナルな新聞記事の内容を盛り込み、東京などへの大地震の襲来を学理上の事実と述べ、大火災と大量死の発生に言及し、それらに備えるために今村の著書を買うように勧めるものだった。

学問の権威を用いて人びとの不安を煽《あお》り、解決策として本を売り込むという宣伝を許せば、地震学はもちろん、帝国大学や学問全体の品位を貶《おとし》め、信用を損なう。大森は、こうした宣伝の効果を打ち消す必要に迫られ、近い将来における東京での大地震発生の可能性までも否定した。それがのちの地震に関する知識普及や提言活動に歪《ゆが》みをもたらすことになったのだ。

本書でもこれまでみてきたように、大森は日本はもちろん海外でも地震や噴火の調査、研究を行い、その成果や知見の発表に積極的だった。たとえば、内外の地震の事例を取り上げ、揺れによって容器が破損したために化学薬品から出火したことや、水道が被災し消火が困難になったことを指摘し、そのための対策を訴えた。これらはいずれも関東大震災で起こることである。

しかし、大森は今村説を否定した一九〇六年以後、公表された論説の範囲では、東京に大規模な被害をもたらす地震は、近い将来には起こらないと主張し続ける。そのため地震対策の優先度は上がらない。まして、当時の東京を苦しめていたのは風水害だった。

関東大震災発生時、大森は国際的な学術会議に出席するためオーストラリアにいた。大森は現地の地震計で日本での大地震の発生を知ることになる。

関東大震災起こる

一九二三年九月一日、まもなく正午を迎えようとする午前一一時五八分、相模《さがみ》湾から房総半島南東沖を震源域とするマグニチュード七・九の巨大地震が発生した。現在の震度階級にあてはめると、震源域に近い神奈川県・千葉県南部を中心に東京や埼玉の一部でも震度七を記録した（以下、基本的な情報は中央防災会議災害教訓の継承に関する専門調査会報告書『一九二三関東大震災』一～三による）。

地震後に各地で同時多発火災が発生、東京、横浜などの都市部では巨大火災となる。ちょうど昼食時間帯で火を使っている人が多く、強い風も吹いていたため各所の火事は燃え広がっていった。

特に日本は、木造家屋が密集する都市構造であり、レンガ造の建物も地震により壁が損傷して燃えやすい内部構造を露《あらわ》にしていた。さらに、大火災の熱によって気流は乱れ、風はいっそう強くなる。「火災旋風」と呼ばれる渦巻き状の風も発生する。

地震により上水道・消火栓が破損し、消防用水が不足して、消火も進まなかった。困難な条件下、消防隊は堀や川、池などの水をポンプで汲《く》み上げて消火にあたった。しかし、ポンプから水面まで高低差がある場合、ポンプの吸水能力に限界があった。長時間の活動で、ポンプを動かすガソリンも不足していく。

そんななか建物を壊して延焼を防止する、江戸時代以来の破壊消防も試みられた。地域の官民が力を合わせ、ポンプ、バケツリレーで火を食い止めた例もあった（鈴木淳『関東大震災』）。

東京の火災は、九月三日午前一〇時まで約四六時間にわたって燃え続けた。焼失面積は当時の東京市域の四〇％を超えた。当時は木造の橋も多く、火災で焼失し、火に追われた避難者は川に行く手を阻まれた。空き地に避難できた人も安全ではなかった。周囲に火事が迫り、さらには火災旋風が襲ったからである。避難者が家から持ち出してきた荷物が燃え上がり、被害を拡大させている。

死者一〇万超、飛び交う流言

関東大震災の死者（行方不明者を含む）は約一〇万五〇〇〇人。東京市（約六万九〇〇〇人）、横浜市（約二万七〇〇〇人）で、死者全体の約九〇％を占めた。死因は焼死（約九万二〇〇〇人）が全体の九〇％近くを占めている。

関東大震災といえば、東京・横浜の火災が注目されるが、震源に近い神奈川県と伊豆半島

関東大震災における東京の焼失地域

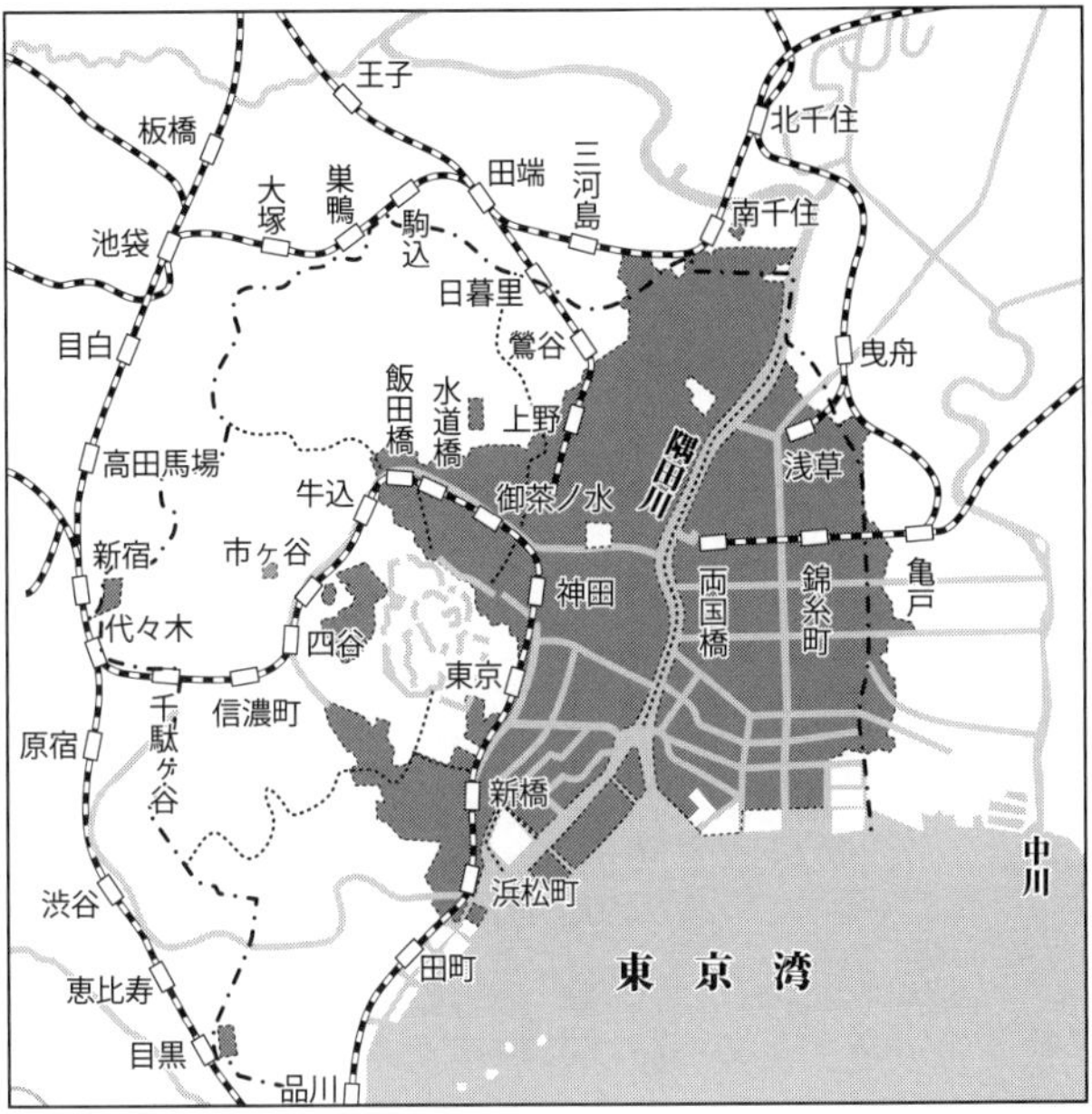

出典：鈴木淳『関東大震災』（講談社学術文庫，2016年）61頁と『震災予防調査会報告』第100号（戊）の附図を基に筆者作成

東岸では、激しい揺れや火災に加え、土砂災害や津波による被害も起きていた。神奈川県の根府川《ねぶかわ》、米神《こめかみ》（現小田原市の一部）では、集落と根府川駅・列車が、地震によって崩壊した土砂に飲み込まれた。

被災地には被害と混乱が広がった。首都東京の被災によって、政府の機能も損なわれた。しかも、八月下旬に加藤友三郎《かとうともさぶろう》首相が病死したことによる「首相不在」ともいえる政治の空白のなかにあり、政府の初動は遅れた。

日本でラジオ放送が始まるのは二年後の一九二五年であり、最大のマスメディアは新聞だったが、被災して地震直後には発行が困難になった。情報不足と不安・恐怖が、被災地の内外で根拠不明のさまざまな流言を生む。そのなかには朝鮮人や社会主義者が地震に乗じて放火や暴動を起こしているというものがあり、被災地で拡散した。

警察力も不足し、流言を信じて自警団を組織する人びとが現れた。政府は震災翌日の九月二日、混乱を押さえるため、警備や救援にあたる軍隊の活動をしやすくする目的で戒厳令の一部条項を被災地に適用し、軍隊を主体とする治安維持体制を構築する。

被災地とその周辺を中心として、流言を信じた自警団、軍隊・警察による朝鮮人などに対する暴行・殺傷が行われた。「誤信」や「誤認」では説明できない事件も起こっている。

地震発生時の今村明恒

地震発生時、今村明恒は、東京市本郷区（現文京区本郷）の東京帝国大学理学部地震学教室で、八月に現地調査を実施した北海道樽前山《たるまえさん》の爆発の写真を整理していた（『手記で読む関東大震災』）。

正午少し前に地震が発生したが、最初はさほど大きなものとは思わなかった。いつものように着席のまま初期微動（P波によるもの）を数えると、一二秒だった。ただし、その半ば頃から初期微動も著しく大きくなり、「いや、これは随分大きいぞ」と感じ出す。しかし大地震とは思わなかった。

そうするうちに主要動（S波によるもの）が到達する。軒の瓦がガタついて、落ち始めた。家屋の揺れは次第に激しくなり、主要動の初めから三、四秒目頃、つまり揺れ始めから一五、六秒目頃には振動は最も強大となった。家鳴りは激しく、軒瓦は飛び散り、周囲全体が騒々しくなってきた。東京でこれまで感じた大きな地震では、振動はこのあたりで急に小さくなるのだが、今回はそうではなかった。振動が最強部に達した後も、揺れはあまり収まらず、振動の周期がただ長くなったくらいで、大船に揺られているような気持ちだった。

初期微動から二分後、振動も次第に鈍くなる。今村は所員を励まして観測に取り掛からせ、差し当たり大地震に適する地震計の記象紙（揺れを記録する用紙）数枚を取り寄せ調査することにした。

地震発生から三〇分後、二〇人ほどの新聞記者が今村のもとに取材に来る。今村は、発生時刻、推定される震源、東京では一八五五年の安政江戸地震以来の大地震であり、津波が発生するかもしれないこと、多少の余震は続くだろうことを答えた。

なお、東京日日新聞が、九月一日に人力で印刷した第二号外、群馬県の上毛《じょうもう》新聞社に依頼して印刷した二日付朝刊には、今村への取材を記事にした「東大地震学教室発表」が掲載されている。大地震に伴う大火災を予測していた今村だが、ここには火災に対する懸念がみられない。

急務が一通り片付いた今村は外の様子を見に出かけた。大学構内では、まず建物の装飾物が落下しているのを見て驚いたが、工学部の応用化学教室が焼けつつあったのにさらに驚く。東大の門前に出ると、通りの大学側はすべて民家から飛び出した人で埋められ、商店の屋根瓦は落ち、土壁は多く崩れ落ちているのみならず、遠く南方には火の手も見えた。

ここに至って今村は初めて火災を考える。折悪しく風も出ている。かねて自分が苦悶《くもん》した大火災が現実のものとならなければよいが、と。

薬品からの出火

ところが、その直後、部屋に戻った今村がとった行動は、火災への備えではない。写真などの片付けだった。風上の図書館辺りに煙が見え出したが、地震学教室との間にレンガ建築があり、今村はその耐火性を信じ、自然に鎮火するものと考えていた。だが、その楽観は裏切られる。

約一時間後、今村は職工や小使いを指揮して、屋根に上がり飛び火を防がせる一方、所員

関東大震災の火災で焼失した東大図書館内部

には最も重要な地震記象紙などを搬出させていた。

地震のために屋根瓦が落ち、地震学教室の建物も火がつきやすい薄板がむき出しになっていた。そのため地震学教室も飛び火により三回も燃え上がった。しかし、大工たちが飛び火を消し、はき落とし、燃え上がった薄板をめくり取っては捨てた。やがて風向きが変わって危機を脱する。

夕方にほっと一息ついた今村は、周囲の様子を見ようと新築中の工学部教室の屋上に出てみた。すると目に入ってきたのは、言いようのない凄惨《せいさん》な情景だった。

東は上野の山を越えた彼方から、西は麴町《こうじまち》、新宿方面に至るまで、紅蓮《ぐれん》の吐き出す煙は入道雲のようで二〇を超えた。二重三重になっているものもあるだろう。折悪しく風も強い。

「ああ、これではかねて学術的根拠のない浮説、治安を妨害する臆説《おくせつ》と嘲《あざけ》られた自分の想像が、現出するのではあるまいか。何たる不幸なことであろう」と今村は思った。教室に帰ると、付属観測室が再び危ないとの知らせを受ける。今村は、また大工を励まし、はしごを担いでかけつけ、大学関係者の応援もあって消し止めることができた。

今村が体験した東京帝国大学の火災は、いずれも薬品を保管していた棚が崩れたことで、薬品から出火したものだった。薬品からの出火は、大森房吉が指摘していたことである。このうち医学部医化学教室を火元とする火災が燃え広がり、壁が崩れて天井が露出した図書館の内部に火が入って貴重書を含む七五万冊の書籍が焼失した。火災は受けなかったものの、地震で使用不能になった建物もあり、東大は建物総面積の三分の一を失った(『東京大学百年史』通史二)。

今村は地震による火災の危険性をよく認識していた。しかし、その今村でさえも地震発生からしばらくの間、火災が巨大化することを予想できていなかった。

巨大火災下のある家族

東京で火元となったのは、家庭や事業所のかまどや七輪などの調理用器具が多かったが、東大で見られたように薬品による火災も少なくなかった。それらの火災が風速約一〇メートルの強い風に煽られ、木造家屋が密集する街に燃え広がった。

特に軟弱地盤のために地震の揺れが大きかった東京東部の下町は倒壊した家屋も多く、そのことが火災の発生や延焼を招いた。各地で強い風による飛び火が起こり、火災現場から離れた場所でも火災が発生、隅田川を越えて対岸にも燃え広がった。こうして延焼した火災が、合流し街を焼き尽くす。

周囲を火に囲まれ、逃げ場を失った人びとが亡くなった。延焼の要因には、先にも少し触れたが、避難者が家から持ち出した荷物があった。延焼を防止する空間となるはずの道路や鉄道、河川、空き地に持ち込まれ、または放置された荷物に火が付いたのだ。

本所区横川町（現墨田区本所四丁目、東京スカイツリーの南側）に夫と長男、長女の四人で暮らしていた橋本ノブが、地震直後からの記録を残している（『手記で読む関東大震災』、『関東大震災を歩く』）。

ノブは地震発生時、ちょうど家族で昼食を取ろうとしていたところだった。突然、家が倒れるほど揺れ始め、立ち上がることもできない。そのうち壁が崩れ、戸障子は外れ、棚のものは落ちてくる。瀬戸物の壊れる音がする。

表では屋根瓦が落ちる音、人の泣き叫ぶ声などが地鳴りに混じってものすごく聞こえた。外へ出るのはかえって危険と思い、夫は長男を、ノブは長女を抱えて守った。ただただ念仏を唱えて無事を祈るばかりだった。

　そのうち多少揺れが弱くなったので、家族そろって家を出た。外では壁や瓦が落ち、土煙が上がっていた。また揺れが襲ってきて、残っていた壁や瓦が落ちてきた。近所の人たちもみな表に避難していたが、頭や顔を負傷して血まみれの人、家の下敷きになって足を折り歩けない人などもいた。

　方々から火事が発生しており、折からの強風に煽られて、八方に広がっていく。狭い場所は危険なため、横川橋の広場に逃げた。夫は家に戻ってめぼしい品を大風呂敷に包んで持ってきた。しばらくするとそこにも火の手が迫ってきた。夫はここにいたら逃げ道がなくなるからと、ノブに早く逃げるように促し、自分は持ってくるものがあるからと家に戻った。

　ノブは、迫り来る火から逃れるために、風上と思われる方向に向かう。横川橋の広場は方々から逃げてきた人で、自由に歩くことさえできないほど混雑していた。

　人波を押しのけて横川橋を渡り道を急ぐが、道のなかに材木は倒れている。荷物を積んだ車は渋滞している。そのなかをタンスを背負って逃げていく人、包みを担いで走る人がいる。混雑のなかへ馬が暴れて駆けてくる。人に倒される人、馬に踏まれる人、親を呼ぶ子の悲鳴、子を呼ぶ親の叫び、火の粉はあられのように落ちてくる。

避難場所を襲う火災旋風

そうしたなか、ノブは何とか陸軍糧秣廠《りょうまつしょう》（陸軍の兵馬の食糧を扱う役所）の本所倉庫の広場（現錦糸公園）にたどり着いた。荒れ狂う風の方向が少しも定まらないなか、ここなら大丈夫と思った糧秣廠の近くにも数ヵ所から火の手が上がる。

そこにいた幾千の人がどよめき始めた。と思う間に息もつけぬほどの強風が、砂塵《さじん》を巻いて黒煙とともに立ち上がった。

「あれ、つむじ風よ‼」と言うまもなく、人びとの頭上に巻いてきて、運び込んだ荷物や人の着物にまで火が付き、周辺は一面の火となった。一時にワッと上がる悲鳴のなかに、ひとしお耳を裂くような叫び声があらゆる人の群れから聞こえてくる。崩れかかる人波のなだれに踏みつぶされる人のうめき声、この世の地獄だった。

ノブたちも煙に包まれて目を開けることもできなかった。髪の毛はジリジリと燃え始め、着物にも火が付く。それをもみ消しながら逃げ惑った。たまたま流れ込んでいた水があったため、子どもの着物に火が付いたら、そのなかに転がして火傷《やけど》を免れた。

その後もノブは火に追われながら逃げ、近所の少女の手助けもあり、何とか子ども二人とともに逃げ延びることができた。けれども、家に戻った夫とは再会できなかった。その後、横川から引き上げられた死体が夫と確認された。

飛行機から撮影した隅田川両岸の火災

手記にあるつむじ風を伴った火災は、強風や大規模火災時の気流の乱れで発生する火災旋風の可能性がある。同じく本所にあった陸軍被服廠跡（陸軍の軍服工場が移転した跡地）にも大量の市民が避難していたが、一日の夕方頃という同様の時間帯に火災旋風が襲来し、約三万八〇〇〇人もの人びとが焼死した。

被服廠跡の火災旋風は、人や荷物を巻き上げるほど強力だった。被服廠跡にも、人びとは荷車に家財道具を積んだりして避難していた。火災旋風はもちろんだが、持ち込まれた大量の荷物に火が付いたことで被害が大きくなったのである（吉村昭『関東大震災』）。また、家から荷物を持ち出そうとしたことは、逃げ遅れにもつながった。

2　内田康哉臨時首相下の二日間——戒厳令の布告へ

当局が破壊する災害直後の「楽園」

アメリカの作家レベッカ・ソルニットは、さまざまな災害の事例から、災害が起きた直後には誰もが他者を思いやる行動をとると記している。ソルニットによれば、そうした行動はこれまで世界中でみられたという。災害直後に現れる社会をソルニットは「地獄に築かれた楽園」や「災害ユートピア」と表現している。ところが、こうした事実は十分には知られていない。

災害発生時に人間は自分勝手な行動をとり、混乱や略奪・犯罪が起きると信じ、それを防止しなければならないと考える人びとがいる。それは特に権力者やエリートたちだが、彼らによる対策や行動で、「災害ユートピア」的な社会は破壊され、かえって混乱や損害が生み出される。

ソルニットはその一例として一九〇六年のアメリカ・サンフランシスコ地震を挙げる。地震発生直後に現地の軍司令官は軍隊を出動させ、市長は軍隊や警察に対して「略奪者」などの殺害を許可する通達を発した。

そうした軍や警察の治安維持活動によって射殺された人びとのなかには、瓦礫の下に閉じ込められていた人の救出活動をしていたのに泥棒と誤認された人や、軍隊の命令に従わなかったとされた人も含まれていた。また、市長が治安維持のために酒場を閉鎖するよう命令を発すると、兵士たちは酒場や商店に押し入りアルコール類を破壊した。兵士たちの行動は略奪者と同じだった。

サンフランシスコでは、地震後に大火が発生したが、地震により給水管が破壊されていたために、消火活動は困難を極めた（この事例を大森房吉は日本に紹介し、水道の耐震化を主張していた）。消火活動に軍隊も加わり、建物を爆薬で破壊し防火帯を作り、延焼を防止する方法が試みられた。しかし、不慣れな彼らの行動は、延焼や新たな火事を発生させることにもなった（『定本　災害ユートピア』）。

一九〇八年のイタリア・メッシーナ地震では、イタリア国王の勅令により被災地に戒厳令が布かれた。

イタリア政府は被災地での感染症の流行や略奪の発生を恐れ、被災地からの退去と立入制限の措置を取った。そのため軍隊に被災地での食料配給の中止を命じ、食料は船内で、街を離れることに同意した避難者のみに配給した。瓦礫の下にはまだ埋もれた生存者がいて、救援のために人手が必要とされる状況下だったにもかかわらずである。

メッシーナ地震でも軍隊による「略奪者」への発砲が行われ、愛する人を探したり、自宅の瓦礫を掘っていた人までも誤認によって撃たれた。被災地には多くの飢えた人びとがいて、食料や衣服を探し求めていた。そうした人びとも「略奪者」と見なされ、兵士によって殺害された。

他方、軍隊でも食料が不足し、彼らは閉鎖された商店を押し破り持ち去っていた。それは略奪者と同様の行動だった（"The Collapse of the Rule of Law"）。

政府当局者は、災害によって日常的な秩序が崩壊すると、混乱が起きて被害が拡大すると予想する。そして、秩序の崩壊を防ぎ、回復を図るためには、非日常の強力な手段が必要と考える。軍隊を中心とする警備体制を採用し、平時ではあり得ない程度のことでも武器使用を可能とする特別な権限を付与する。混乱による被害拡大を防ぐための秩序維持が、目の前の被災者の救援よりも優先される場合すらあるのだ。

だが、いま述べたように、逆に秩序維持活動に従事していた側が略奪同然のことを行ったり、被害を拡大させたりもする。

政府当局者は、こうした行動とそれが引き起こした問題について、混乱拡大を抑えるためのやむを得ない措置だと正当性を主張する。しかし、ソルニットの指摘を参考にすれば、混乱拡大の可能性はなく、統治が動揺することを恐れる当局者の想像にすぎないかもしれないのだ。

一九二三年九月の関東大震災に遭遇した日本政府当局者も、アメリカやイタリアと同様の対応を選ぶ。

内田臨時首相の九月一日

関東大震災は、政府にとって不利な条件が重なっていた。

まず首都東京が被災したことである。中央官庁の施設も被害を受け、職員も被災する。鉄道や道路、通信手段が破壊されたため、通勤・移動や連絡も困難になった。

また、地震が発生した九月一日が半日勤務の土曜日だったことである。地震発生が正午近くであったため、そのまま帰宅してしまった職員も多かった。

さらに、政権交代の真っただ中にあったことである。震災発生の八日前の八月二四日、加藤友三郎首相が病死した。内田康哉外相が首相を臨時兼任し、閣僚の辞表を取りまとめて摂政宮（のちの昭和天皇）に提出していた。二八日には山本権兵衛に後継内閣の組閣が命じられたが、九月一日の地震発生時には、なお組閣途上だった。

地震発生を受けて組閣が急がれたが、第二次山本権兵衛内閣が成立したのは九月二日夜のことである。それまで内田康哉臨時首相が加藤友三郎内閣の閣僚を率いて、初期対応にあたっていた。地震は政権交代に伴う「政治の空白」を襲ったのである（中央防災会議災害教訓の継承に関する専門調査会報告書『一九二三 関東大震災』二、以下、基本的な事項については同書による）。

内田臨時首相の日記によれば、内田は地震発生時の九月一日午前一一時五八分、散髪中だった。

地震が収まらないのでひげ剃《そ》りを中止し外務省に戻る。一二時半に参内し、摂政宮の無事を確認してから、対策に関する臨時閣議を開催するため永田町の首相官邸に向かった。閣僚や枢密顧問官には使いを送って呼び寄せたが、首相官邸に着いたときには内閣書記官長しかいなかった。午後二時頃から閣僚たちが現れ、四時頃に全員がそろう。地震で室内が危険なため、閣議は裏庭で開かれた（『内田康哉関係資料集成』一）。

内田康哉（1865〜1936）
外交官・政治家．熊本県出身．外務次官などを経て1911年に外相．18年から外相再任．23年，加藤友三郎病死後，首相臨時兼任．32年の外相時，満洲国承認について「国を焦土にしてもこの主張を譲らない」との演説で著名

枢密顧問官も呼び寄せたのは、災害対応のために緊急勅令の発布が必要だったからだ。国民の権利義務に関わることは帝国議会の議決を経た法律で定められなければならないが、緊急を要し帝国議会

を開くことができない場合、法律に代わる緊急勅令を発布することができた。通常の勅令なら内閣の責任で発布できるのだが、緊急勅令は枢密院の審議を経なければならなかった。

緊急勅令の見送り

閣議では、被災者救済に必要な食糧などの物資を確保する非常徴発令の発布や、諸官庁にまたがる救護事務の連絡・調整を行う臨時震災救護事務局の設置、軍隊主体の警備を行う戒厳令の発布などの応急対策が協議された。非常徴発令や戒厳令は国民の権利義務に重大な影響を及ぼすため、緊急勅令で定める。

この間、東京の火災は延焼を続けていた。日比谷にあった警視庁にも火の手が迫る。赤池《あかいけ》濃《あつし》警視総監は、東京全体が一大混乱に陥ることを恐れ、警察のみならず国家を挙げての治安維持、応急処理をしなければならないと考え、陸軍に出兵を請求する。同時に、後藤文夫《ごとうふみお》内務省警保局長に切言し、水野錬太郎《みずのれんたろう》内相に戒厳令の発布を建言した。

午後二時三〇分に警視庁の庁舎は猛火に包まれ、午後四時には焼失した。閣議に同席していた伊東巳代治《いとうみよじ》枢密顧問官も、大火災が諸方で起こり警視庁さえ火を出したとの情報を聞き、戒厳令の施行を提案した。

被災者への食料品などの物資の確保も重要課題だった。それは治安問題にも直結する。警

関東大震災の火災で炎上する警視庁，1923年9月1日

視庁は非常手段として行政執行法第四条により、被災者救護のための物資の徴収を開始した。同法によれば、当該行政官庁が「天災事変」に際して「危害予防」もしくは「衛生」のため必要と認めるときは「土地物件」を使用、処分することができた。

すでに地震発生直後の九月一日一二時半頃から、警視庁は自動車会社から自動車を徴収し、続いて食料その他の収集に着手していた（警視庁編『大正大震火災誌』）。ただし、より大規模かつ強力に物資の収集を行うには、新たな緊急勅令の発布が必要だった。

けれども、閣議では震災地域も災害の状態も詳細がわからず、まとまった対策は決定できなかった。まずは被災者への食糧供給が先決問題なので、とりあえず救護に対する臨時支出九八〇万円の予備金からの支出、臨時震災救護事務局官制案の起草を決めるにとどまった（『我観談屑』、『関東大震災・虐殺の記憶』）。

この地震発生後最初の閣議では、緊急勅令での実施を要する対策は決定できなかったのだ。清浦奎吾《きようらけいご》枢密院議長を含む枢密顧問官の出席が困難で、枢密院の会議が開催できないことが理由であった。この段階では戒厳令も施行されず、地方長官（東京では警視総監）の請求による出兵にとどまった（『倉富勇三郎《くらとみゆうざぶろう》日記』三、『財部《たからべ》彪《たけし》日記　海軍大臣時代』）。

午後四時三〇分、赤池濃警視総監は陸軍の司令官に出兵を正式に請求した。陸軍でも、すでに被災地に一部兵力を展開し、補助憲兵も派遣していたが、大規模な出兵が必要になったため、千葉県・北関東・信越・北陸・東北の部隊にも、東京への出動を命じた（『軍隊の対内的機能と関東大震災』）。

戒厳令へ——首相の決断

九月一日夜になっても火災は延焼を続け、余震も続いていた。同夜、内田臨時首相は庭に出て「火力」を観測している（『内田康哉関係資料集成』一）。

九月二日午前九時前から閣議が行われた。大規模な被害が出ていることが判明してきた。火災の延焼により神田、浅草、日本橋、京橋、本所、深川などの各区はほとんど全滅し、都心部にあった中央官庁の内務、大蔵、文部、鉄道、逓信、農商務各省も全焼した（『財部彪日記　海軍大臣時代』）。

これを受け、本格的な救護・警備体制が整えられていく。まず、非常徴発令と臨時震災救護事務局官制を決定し、緊急勅令での発布を要する非常徴発令については、枢密院会議が開催できないため、内田臨時首相と水野錬太郎内相が伊東巳代治枢密顧問官、浜尾《はまお》新《あらた》枢密院副議長のもとを自動車で訪問し、了解を求めた。

なお、訪問を受けた際に伊東巳代治は水野内相に、戒厳令の方はどうしたかと尋ねている。水野内相からの、あまり「業々しい」（仰々しい）という論もあってとの答えを受けて、伊東は、みなが必要と認めるときには、事はすでに遅い、即刻戒厳令の裁可を仰がねばなるまいと注意したという。この段階でも、政府首脳は戒厳令の適用に慎重だった（『帝都復興秘録』、『軍隊の対内的機能と関東大震災』）。

また、内田臨時首相は、浜尾枢密院副議長を訪問した際、連絡が取れない清浦奎吾枢密院議長のことを気にする浜尾に対し、責任は内閣が負う、わたしは切腹する覚悟である、いまの東京の惨状は座視することができない、一刻を争う事態なのに、清浦議長との交渉に時間をかけることは断じて不可であると述べ、同意させている。

伊東枢密顧問官と浜尾枢密院副議長の了解を得たうえで、内田臨時首相と水野内相は摂政宮に拝謁、非常徴発令と臨時震災救護事務局官制について一二時頃に裁可を得た。その際、摂政宮から、「さぞ心配だろう。今後尚宜《なおよろし》く頼む」との言葉を受けた。

その後、内田臨時首相は首相官邸に戻り、さらに戒厳令の必要を認めて閣議決定を行い、再び摂政宮のもとを訪れ、一二時四五分頃に戒厳令適用の裁可を得た（『内田康哉関係資料集成』一）。

なぜ戒厳令は布かれたか

警視総監の建言や議論はあったものの、政府は政治・行政的、また社会的な影響の大きさから戒厳令の適用について慎重だった。最終的に内田臨時首相を決断に至らせたものは何か。関東大震災時の戒厳令適用までの過程について検討し、諸史料に基づき詳細に論じた吉田律人は、最終的な引き金は「朝鮮人暴動」の情報にあったのは間違いないとしつつ、仮に暴動の鎮圧なら通常の出兵で対応できたはずだとする。

吉田は戒厳令適用の背景には、地震による建物の倒壊、火災、混乱に加え、流言の蔓延《まんえん》という最悪の状況に歯止めをかける意図があったとする。そのうえで事態を打開するには、軍隊の力を用いる以外になく、軍隊の活動を円滑にするためにも戒厳令の一部条項の適用（行政戒厳）が必要だったとみる。同時多発的な火災と社会基盤の崩壊、さらに警視庁や内務省の焼失により警察が治安維持に対する自信を失い、軍隊に頼ろうとしたことも指摘する（『軍隊の対内的機能と関東大震災』）。

筆者も吉田の結論に同意するが、ここでは最終的に戒厳令適用を決断した内田臨時首相の内面について仮説を提示してみたい。

摂政宮の言葉

九月二日午前には戒厳令適用に慎重だった内田臨時首相が、正午過ぎには戒厳令適用を決断する。その間に何があったのか。戒厳令の適用が必要と判断されるような「朝鮮人暴動」に関する新たな情報が入ってきたのかもしれないが、筆者は内田臨時首相が非常徴発令と臨時震災救護事務局官制の裁可を受けた際に、摂政宮が発した言葉に注目する。内田の日記では、次のように記されているからだ。

> 殿下より「さぞ心配だろう。今後尚宜敷く頼む」との御言葉あり。更に戒厳令の必要を認め〔後略〕

内田臨時首相は当初、非常徴発令と臨時震災救護事務局の設置については現内閣で行うが、政府の震災対応の仕方を大きく規定することになる戒厳令については、後継の山本権兵衛内閣に判断を委《ゆだ》ねるつもりだったのだろう。ところが、摂政宮から「今後尚」よろしく頼むと声をかけられ、後継内閣成立までにまだ時間がかかることを認識し、もはや先延ばしにできないという考えに至ったのだ。

史実ではその後、九月二日夜七時に山本内閣の親任式が行われる。しかし、出席できない入閣予定者のポストを他の大臣が兼任し、何とか実施に漕《こ》ぎ着けたものだった（『昭和天皇実録』三）。

内田臨時首相らが、山本新内閣や後藤新平内相の震災対応を縛る意図で、新内閣成立を間近に控えて戒厳令の適用を決行したという見方もある（『戒厳令』、『横浜の関東大震災』）。しかし、九月二日昼の時点で、新内閣の成立時期を見通せていたとは思えない。

それに警備体制を強化し、治安悪化を防ごうとするなら、夜になる前に実行に移すべきである。いうまでもないが、被災地は停電し、内閣の親任式もロウソクの灯《あか》りで行われたぐらいだ。

そもそも大災害を前にして当局者がこれ以上の秩序崩壊を防ぎ、その回復を図るために非日常の強力な手段を用いる必要があると考えるのは、先述のようにアメリカやイタリアでもみられた。特別なことではない。しかも、東京への戒厳令の適用は初めてではない。一九〇五年の日比谷焼打ち事件での適用、治安回復という前例もあったのだ。

一日強で採られた初期救護体制

では、地震発生の九月一日正午から二日午後までのわずか一日強の間だが、内田臨時首相の下で採られた措置を具体的にみていこう（中央防災会議災害教訓の継承に関する専門調査会報告書『一九二三 関東大震災』二）。

まず非常徴発令（勅令第三九六号、緊急勅令）は、被災者の救済に必要な食糧、建築材料、衛生材料、運搬具その他の物件、または労務について、内相が必要と認めるときは強制的に取り立てることができるものだ。政府が、モノ、運搬手段、ヒトを強力に集めることができるようにしたのである。こうした措置の必要性は、一九一七年東京湾台風後にも指摘されていた。

次に臨時震災救護事務局官制（勅令第三九七号）に基づいて臨時震災救護事務局が設置される。首相の管理の下で、震災による被害の救護に関する事務を担当する機関だ。総裁には首相、副総裁には内相、参与には関係各省次官・社会局長官・警視総監・東京府知事・東京市長（のち神奈川県知事・横浜市長が加えられる）、委員・事務官には関係各省・府県の高等官などが任命された。九月四日には横浜に事務局支部が設置される。

臨時震災救護事務局には、総務部、食糧部、収容設備部、諸材料部、交通部、飲料水部、衛生医療部、警備部、情報部、義援金部、会計経理部の一一部が置かれた。そこに内務省を中心として当初五〇〇余名、のちに七〇〇余名の関係官庁の職員が、本省に籍を置いたまま事務に就く。

首相の下に、縦割りの行政組織の間を連絡・調整する機関をつくり、巨大災害に政府一体で対応しようとしたのである。国と地方というレベルの違いはあるが、東京府が一九一七年東京湾台風後に制定した「非常災害事務取扱規程」と考え方は共通する。

臨時震災救護事務局の方針

臨時震災救護事務局は、活動の第一歩として次のような方針を定めた。

一、治安の維持には陸海軍・警察、相協力してあたること。

二、被災者の直接救護、炊出米・飲料水の供給、小屋掛けなどには、府県市の罹災救助基金を充て、その不足はすべて国費から支出し、府県市に実行させること。

三、食糧品・小屋掛け材料、その他の必要物資は時を移さず、地方長官がこれを徴発し、市より被災者に配給すること。

四、自動車・荷馬車・荷車・ガソリンなどは、手近なものを出来得る限り多く徴発して物資の輸送にあたらせること。
五、被災者の地方に移動するものには、鉄道省において無賃輸送を行うこと。
六、食糧その他生活物資の暴利を取り締まること。
七、薪炭・木材・食糧などは大蔵省・農商務省・宮内省において払い下げの手段を講ずること。
八、政府にて新聞を発行し、事実の真相を伝えて人心の動揺を防ぐこと。
九、赤十字・済生会などを督励し、速やかに救済を開始させるとともに、避難中の医師を利用して小学校などに仮病院を開かせること。

食糧、飲料水、燃料、家を失った人向けの仮小屋を作るための建築材料の確保、医療など、被災者の救援に関わる事項がほとんどを占める。だが、最初に上がっているのは治安維持だ。政府の治安への不安が大きかったことがわかる。

一方で、流言対策でもある被災者向けの情報宣伝は八番目で、最後から二番目であることにも注意したい。「朝鮮人暴動」の流言とそれに関わる事件はすでに発生していたものの、まだ流言は本格的に広まっていなかった。

警視庁が朝鮮人に関する流言対策を決定したのは、九月二日午後三時のことである。その後、夕方から夜にかけて流言は急速に拡大していく。

前例のない強力な警備体制

九月二日午後、勅令第三九八号（緊急勅令）が公布・施行され、一定の地域に戒厳令中の一部条項の適用が決まる。

この勅令を受け、勅令第三九九号により、適用地域は東京府下の東京市内、荏原郡、豊多摩《とよたま》郡、北豊島郡、南足立郡、南葛飾郡とされ、東京衛戍《えいじゅ》司令官である森岡守成《もりおかもりしげ》近衛《このえ》師団長が戒厳司令官となった。しかし、伝達手段が破壊されていたため、戒厳令の適用が広く被災地に知られるには、夕方から夜までかかっている（『軍隊の対内的機能と関東大震災』）。

この日の午後七時、第二次山本権兵衛内閣の親任式が行われたが、翌三日、山本内閣が制定した最初の勅令は、前日施行された戒厳令を有効に機能させることを目的とした関東戒厳司令部条例（勅令第四〇〇号）だった。同条例により関東戒厳司令部が設置された。大兵力の展開に応じる上級司令部が必要とされたのである。

関東戒厳司令部には、長として関東戒厳司令官が置かれた。関東戒厳司令官は天皇に直隷《ちょくれい》し、東京府およびその付近における防衛・警備を担当し、任務達成のために、区域内にある陸軍軍隊を指揮する。関東戒厳司令官には福田雅太郎《ふくだまさたろう》陸軍大将が任じられた。

関東戒厳司令部の設置とともに、戒厳令適用区域は東京府全域と神奈川県に拡大された。そして神奈川県横須賀市および三浦郡については海軍の横須賀鎮守府司令長官が、その他の区域については関東戒厳司令官が、それぞれ戒厳司令官の職務を行うことになった（勅令第四〇一号）。九月四日、戒厳令適用区域は、さらに埼玉県・千葉県に拡大した（勅令第四〇二号）。

このように前例のない被害をもたらした関東大震災に対して、前例のない強力な警備体制がとられた。動員された兵力は、九月中旬のピーク時には軍隊・憲兵合計約五万人に達した。これほどの巨大災害が発生したのも、また、これだけの大兵力を用いて首都の警備、国内の警備が行われたのも、初めてのことだった（『帝都防衛』）。

3　流言による朝鮮人殺傷事件——自然災害のなかの人災

警察も当初認めた朝鮮人暴動

地震発生直後からさまざまな流言が発生していた。

地震発生直後には、「富士山が噴火した」「大津波が来る」（完全な誤りとは言えないが、東京地域では津波は一メートル程度で被害はなかった)、「また大きな地震が来る」などだった。だが、火災による被害が拡大するにつれて「朝鮮人や社会主義者が放火をしている」などの流言が広まる。

特に朝鮮人に関わる流言は、震災に乗じた放火・爆破、井戸への投毒、集団による襲撃、さらにはこれらは事前に準備や計画されていたものだなどと、話が大きくなる。流言は被災地および被災者が避難していった地域に急速に拡散する。通信施設の破壊や被災地の混乱のために真偽の検証が不十分なまま、政府も一時はそれを事実として扱った。

それがはっきりとわかるのが、九月三日午前に内務省警保局長から各地方長官宛に発信された電文である。電文では、次のように述べられていた。

東京付近の震災を利用して朝鮮人は各地に放火し、「不逞《ふてい》」の目的を遂行しようとしている。現に東京市内で爆弾を所持し、石油を注いで放火する者がある。すでに東京府下には一部戒厳令を施行したので、各地でも十分な視察を加え、朝鮮人の行動に対しては厳密な取締りを加えてもらいたい。

国の警察行政を管轄する部局の長が、朝鮮人暴動を事実と認定し、それを全国的に広めてしまったのである。

流言を信じ、警察・軍隊の力だけでは不安を感じた住民たちは自警団を組織し、朝鮮人を

自警団　震災の騒乱のなか在郷軍人や青年団を中心に組織された

捕らえて暴行を加え、殺害した。自警団の中心メンバーは、以前の災害時にも地域活動に従事していた在郷軍人や青年団員たちである。

流言を信じた警察も住民に自警団活動を促し協力を求めた。一九一八年八月の米価高騰をめぐる全国的な民衆暴動である米騒動以来、警察は民間人との協力やその組織化を進めてもいた（『震災と治安秩序構想』）。

自警団に加え、軍隊、警察も殺傷を行った。それを見た民間人が、流言を事実と誤認するという負の連鎖が起こる。

内務省警保局長が電文を発した九月三日には、警察当局も朝鮮人暴動の流言は疑わしいと見なし、自警団の統制と朝鮮人の保護に動き出した。しかし、自警団のなかには警察に反抗的な態度をとる者が多かった。そもそも当初は警察の方から協力を求めていたのだ。自警団は流言を事実と信じ込み、すでに殺傷行動に及んでおり、興奮もしていた。以前から警察と住民の関係が悪かった埼玉県本庄町《ほんじょうまち》（現本庄市）などでは、警察署の襲撃事件にまで発展した（『大正大震災』）。

朝鮮人殺傷の背景

関東大水害を扱った第3章でもみたように、一九一〇年八月に日本は韓国を併合した。第一次世界大戦後、日本による植民地支配に対して、一九一九年の三・一独立運動をはじめ朝鮮人による独立運動や抵抗運動が活発化していた。日本はそれらを軍事力によって抑えこんでいた。

当時の多くの日本人にとって、朝鮮人による抵抗運動は日本の統治に服さない「不逞」な行為と認識された。そうした行為が事件として摘発されれば、日本政府の発表に基づき、メディアは大々的に報道する。

たとえば、震災の五ヵ月ほど前の「義烈団事件《ぎれつだん》」では、朝鮮内の官公署の破壊と大官の暗殺を企てたとして検挙された「義烈団」について、押収された爆弾と拳銃の写真も掲載して詳細に伝えている。特に建物破壊用の爆弾は、果物の缶詰のような見た目でラベルが貼付《てんぷ》され、付属の時計装置で爆発時間をセットすることができると詳しく説明されていた（『東京日日新聞』一九二三年四月一二日)。

こうした報道により、人びとの間に朝鮮人に対する警戒心が強くなり、朝鮮人と爆弾というイメージも流布していた。実際、関東大震災時に缶詰などを爆弾と誤認する事件が起きている。

また、日本で働く朝鮮人は、日本人よりも低賃金で雇われていた。そのため、第一次世界大戦後の不況下にあって朝鮮人に仕事を奪われると感じる日本人もいた(『関東大震災時の朝鮮人虐殺』)。

流言に端を発した事件により殺害された犠牲者には、朝鮮人(数百人から数千人などの説がある)に加え、朝鮮人と「誤認」(意図的なものを含む)された中国人(数百人)、日本人もいた。

朝鮮人などの殺害事件の他にも、労働運動家が軍隊・警察によって殺害される、いわゆる亀戸事件、無政府主義者の大杉栄《おおすぎさかえ》らが憲兵隊によって殺害される事件も起きている。

一九一七年のロシア革命の影響を受け、日本の社会主義運動も盛り上がりを見せ始めていた。朝鮮人の民族運動と社会主義運動が結びつくこともあった。

こうした抗日運動・反体制運動に対する日本の政府と国民の反発・警戒・偏見・無理解などが、震災による首都東京の壊滅、混乱、情報不足という事態に直面したとき、流言を生み、事実と誤認させ、残忍な行動に走らせたのだ。

戒厳令への誤解、加害者の心性

事件の背景については、「戒厳令」の意味が正しく理解されず、混乱を拡大させたとの吉田律人の指摘もある。すでに朝鮮人暴動の流言が広がり、信じ込まれているところに、後から戒厳令適用の知らせが伝わったことで、両者が結びつき、朝鮮人暴動を鎮圧するために戒厳令が適用されたという誤解が生じてしまった。

関東大震災以前に東京で戒厳令が適用されたのは、日比谷焼打ち事件しかなく、戒厳令は暴動鎮圧のためと認識されていた。戒厳令の適用は、朝鮮人暴動の流言の抑止または防止という点では、逆効果だった。

災害が収束に向かい、地方から応援の軍隊も到着し、警備力も充実した九月七日あたりから、ようやく被災地は落ち着きを取り戻していく(『軍隊の対内的機能と関東大震災』)。

また、朝鮮人などに対する殺傷事件を起こした人びとの心性に注目した研究によると、事件には当時の貧しい男性労働者の価値観も影響していたという。彼らは日常的に「男らしさ」という価値に基づき、腕力や勇気を重んじ、いざというときには闘えることを示すことで、自尊心を保っていた。朝鮮人暴動の流言を聞き、それを信じた彼らは、いまこそ自分たちがみんなのため、国家のために貢献できる時が来たと張りきって暴走した（『民衆暴力』）。仲間や恋人を守るため、正義のため、主人公が勇気を奮って「敵」と闘う。こうした行動は、現代を生きるふつうの人にとっても、創作の世界なら身近であろう。それが間違った方向に噴出し、悲惨な事件を引き起こしたのである。

一方で、日本人と朝鮮人との交流があった地域では、地域の日本人が朝鮮人を庇《かば》い、自警団から守った例もあった。日常的な人間としての付き合いの大切さがわかる。

朝鮮人殺傷事件では、警察に反抗的だった一部の自警団が検挙されたが、裁判になった場合も、犯した行為に対して軽い刑が下された。震災という異常事態下での出来事であることも考慮されたが、自警団の責任を厳しく追及すれば、一時は流言を信じた警察や政府にも責任が及ぶことになるからだ（『関東大震災時の朝鮮人迫害』）。

新内閣による最初の災害対応

九月二日夜、新たに成立した第二次山本権兵衛内閣は、地震と火災による大量の人的物的被害の発生に加え、流言による朝鮮人殺傷事件の発生という状況にも対応しなければならなかった。救援活動と並行して、あるいはそれに優先して、人心の安定と治安の回復を図ろうとする。

山本権兵衛（1852～1933）
海軍軍人，政治家．鹿児島県出身．日清戦争時には海軍の中心にあって活躍．1898年に海相．日露戦争終結まで在任．1913年に首相に就き軍部大臣現役武官制廃止などの改革を断行．23年９月に首相再任も虎ノ門事件で辞職

朝鮮人殺傷事件は、人命を奪っただけでなく、救援にあてられたはずの人やモノ、時間を奪い、助けられたはずの負傷者の命も失わせていた。

九月三日、天皇から一〇〇〇万円（当時大卒社員の初任給が五〇円）という前例のない金額が下賜され、山本首相に対し摂政宮より御沙汰が下る。

御沙汰は、大地震とそれに伴う火災による被害が甚大であることを憂い悲しんでおり、特に被災者に心を深く痛めている、ここに皇室の財産を分かちその苦痛の情を慰めたい、官民が協力して適宜応急の処置を為し、遺憾なきを期すように、というものだった（中央防災会議災害教訓の継承に関する専門調査会報告書『一九二三 関東大震災』二、以下基本的な事項は同書による）。

九月四日、山本内閣は閣議で、震災について応急の事柄を決定、確認している。項目は二四にもわたったが、朝鮮人を「保護」し、千葉県習志野《ならしの》の陸軍演習施設に収容することをはじめ、自警団の武器携帯の禁止や差し押さえなど、朝鮮人への危害防止に関わる項目が最も多い。対策の重点がわかる。政府も朝鮮人による暴動、少なくとも集団での暴動の流言は虚報とようやく認識し、対応し始めた。

これ以外にも、軍や赤十字社からの医療チームの派遣、被災者を収容するテントやバラックの確保や設置、宮城前・新宿御苑・深川宮内省用地など皇室用地の避難者への開放、米やパンの確保や供給とその見込み、外国大公使館員へのパンの供給、臨時火葬場の設置といった喫緊の事柄が上がっていた。

さらに経済関係の事項が確認された。暴利取締りの厳重実施、金融機関の一ヵ月の支払臨時停止（モラトリアム）、銀行の営業を再開する場合の警備、地震が原因では支払われない火災保険の支払い可能性の検討などだった。

当面の対策を決定した山本内閣は、九月四日内閣告諭第一号を発し、政府が救護活動に全力を尽くしていること、官民協力して摂政宮の御沙汰の貫徹を期すべきことを訴えた。前例のない金額の下賜という皇室の恩情と権威を背景に、人心の安定を目指していた。

住居、食糧の確保から治安維持令へ

震災と人災への対処を迫られながら救援活動が進められた。

震災後、都心の広場に多くの被災者が避難していた。また、多くの人びとが都心から郊外

に移動していた。臨時震災救護事務局は、被災者をまず学校・官公庁・社寺などの建物に収容した。また、大邸宅所有者と交渉し、邸宅を開放させた。さらに既存建築物の加工利用とテント張りによる被災者の収容を計画する。明治神宮外苑などに陸軍や民間から調達したテントによる大規模収容施設を建設した。九月四日以降は長期的な収容施設となるバラック建設にも着手した。

全国から集められた食糧は、九月五日に配給組織が定められ、陸海軍が陸揚げ・荷卸しを担当し、臨時震災救護事務局から東京府・東京市に配給、府・市から被災者に交付することになった。一〇日以降は、公設市場や一般米穀商を通じても販売させた。バラック建築用資材、被服や寝具の配給も行われる。

日本人被災者だけでなく外国人被災者への救援も進められた。九月三日に外務省は、臨時外交団掛を設置し、外交関係者や在留外国人の救護を開始した。外国人への情報提供・希望聴取、安否確認・状況調査、本国への通信援助、避難移動のための身分証明書発行、食糧その他の物資の配給を行った（『大正震災志』下）。

九月七日、内閣は流言の根絶を図るため、勅令第四〇三号（緊急勅令）により「治安維持の為にする罰則に関する件」（治安維持令）を公布した。これによって、暴行、騒擾《そうじょう》その他生命、身体、もしくは財産に危害を及ぼす犯罪を煽動《せんどう》し、安寧秩序を紊乱《びんらん》する目的で治安を害する事項を流布し、人心を惑乱する目的で流言を広めた者を処罰できるようにした。

この治安維持令は、直接的には流言の取締りを目的としたが、共産主義運動などを取り締まる、のちの治安維持法（一九二五年成立）にもつながる要素を持っていた（『治安維持法の歴史Ⅱ』）。

経済対策へ——モラトリアムと震災手形対策

治安維持令を発した九月七日を境にして、初期の救護・警備活動は一段落し、人びとの生活や経済の安定を目指した対策に重点が移っていく。同日、勅令第四〇四号（緊急勅令、「支払猶予令」）により、震災の被害を受けて支払いができなくなった債務者を保護したり、不安になった預金者が銀行に殺到するのを防ぐため、三〇日間の支払延期（モラトリアム）を認めた。また、勅令第四〇五号（緊急勅令、「暴利取締令」）により、暴利を得る目的で、生活必需品の買い占めや売り惜しみ、不当な価格での販売をする者を処罰できるようにした。

災害時の暴利取締りには一九一七年東京湾台風時の前例があった。しかし、モラトリアムは第一次世界大戦中にヨーロッパ諸国で実施されていたものの、日本では前例がなかった。ヨーロッパ諸国の立法例に関する資料は大蔵省庁舎とともに焼失したため、日本銀行から借り受け、大蔵省理財局が草案を作成した。井上準之助《いのうえじゅんのすけ》蔵相は、銀行家とも事前・事後に協議している。こうして日本で初めてのモラトリアムが実施された（『井上準之助伝』）。

以後、物資の供給を増やすために食料品や生活必需品、土木建築用器機材の輸入税の免除や減免の措置が取られた。被災者を対象とした租税の減免・徴収猶予も実施された。災害時の租税減免などは従来地租に関してのみ認められてきたが、都市部のさまざまな職種の人びとが被災した関東大震災を受けて、地租以外の所得税・営業税・相続税にも対象が拡大された（『近代日本の課税と徴収』）。

震災発生から三〇日目の九月三〇日をもってモラトリアムは撤廃される。だが、震災で被害を受けた債務者がすぐに支払い能力を回復するのは難しい。銀行に持ち込まれ、割引かれた手形の代金が支払われなければ、銀行経営が苦しくなる。政府は、銀行が保有する震災関係手形を資金化する道を開くと同時に、手形関係者に支払い能力回復の期間を与えることをねらって、九月二七日に勅令第四二四号（緊急勅令、「日本銀行震災手形割引損失補償令」）を公布・施行した。

九月一日以前に銀行が割引した震災地に関係する手形（震災手形）を、日本銀行が再割引するというものだった。被災した債務者から資金を回収できなくなるケースも多くなることを想定し、日本銀行が被る損失を政府が一億円まで補償することとした（『日本銀行百年史』三）。

4　前例なき大規模な義援活動と復興事業

国家予算の一割近く集まった義援金

関東大震災という巨大災害に対して前例のない大規模な義援活動が展開された。

東京市が一九三〇年にまとめた『帝都復興事業図表』に収録された「御下賜金　国内各地よりの震災義捐金品」、「海外友邦震災義捐金品」によれば、国内の義援金品は、天皇から約一〇〇五万円、皇族などから約五四万円、国民（植民地を含む）から約六三八九万円で、合わせて約七四四七万円に達した。海外（同地の在留日本人も含む）からの義援金品は、約四一五七万円にのぼった。国内外合わせて、約一億一六〇〇万円である。

一九二三年度の国家予算（本予算）の一般会計が約一三億五〇〇〇万円だったことを考えると、義援金品がいかに巨額だったかわかるだろう。

民間で義援活動の中心となったのが「大震災善後会」である。北原糸子（『関東大震災の社会史』）と伊藤匠（「関東大震災と大震災善後会」）の研究によれば、震災発生から三日後の九月四日、第二次山本権兵衛内閣の後藤新平内相は、財界指導者の渋沢栄一に、被災者の救助と経済界の安定を図るための態勢づくりを要請する。渋沢は東京商業会議所を通じて実業家と相談を始めた。

帝国議会では、貴族院議長の徳川家達と衆議院議長の粕谷義三《かすやぎぞう》が、被災者救済を目的とする団体の設立に向けて動き始めていた。徳川貴族院議長らは、東京商業会議所との合同による政財界一体の救済団体の設立を目指した。

だが、九月八日に徳川貴族院議長・粕谷衆議院議長と渋沢との協議が行われ、両者の立場の違いが明らかになる。

会の目的について、渋沢が救済事業と経済復興、特に経済復興を目的とすることを主張したのに対し、両議長は救済事業のみを目的とした。対象とする地域についても、渋沢は東京、両議長は被災地全般を主張した。

これまでの災害で設立された義援団体の事例をみても、東京が被災地になった場合、その被災地が東京以外に広がっていても、「東京水災善後会」（一九一〇年関東大水害）、「東京風水害救済会」（一九一七年東京湾台風）のように、東京（またはその周辺）のみを対象とする団体が設立されてきた。対象地域について、渋沢の主張は従来通りである。一方で、会の目的に経済復興を加え、それを主目的とすることは、従来にはなかった。日本経済の中枢である東京が破壊された関東大震災の衝撃の大きさがわかる。

大震災善後会の発足と活動

九月一一日に東京商業会議所で発起人会が開催され、趣意書や規約などが決定され、「大震災善後会」が設立された。会長には徳川貴族院議長、副会長には粕谷衆議院議長、山科礼蔵《やましなれいぞう》東京商業会議所副会頭、渋沢が就任した。

結局、会はその目的として震災の救済と経済復興対策の考究の二つを掲げる。対象とする地域は限定されなかったが、事務所は東京商業会議所内に置かれた。渋沢と徳川貴族院議長・粕谷衆議院議長のそれぞれの意見を取り込んで調整を図り、組織を一本化したのである。

帝国議会議事堂も震災での倒壊や火災を免れているなか、事務所が東京商業会議所内に設けられているので、本団体の運営は東京商業会議所が主導したことがわかる。なお、大震災善後会の二つの目的に対応して、救済部会と経済部会が設置された。

義援金については、期限とした一九二三年一二月末日までに義援金約四二〇万円、公債・債券約二六万円が集まった。久留米《くるめ》商業会議所からは衣服類二万点の寄贈もあった。

義援金は、被災地の被害戸数・人口に応じて、被災府県市に配分され、その金額は約三一一万円にのぼった。使用方法は、連絡が取りやすい東京府・東京市、神奈川県・横浜市は行政当局者の立案したものに同会が同意を与えたもの、千葉・埼玉・静岡の各県は被災者救済の範囲で使用するものとし、知事に一任した。実施後には経過や成績について詳細な報告を求めることにした。

その他にも、被災者救援にあたっている社会事業団体に約一〇七万円の義援金が配分されている。

経済復興対策の考究に関しては、電気・水道・通信・交通インフラの早期復旧について、また、物価・賃金・料金の暴騰対策、衛生状態の改善、火災保険問題、復興資金の融通、復興計画などについて議論、決議を行い、中央・地方の政府に具申した。

こうした具申活動は、これまで災害時に設立された団体には見られなかったものである。伊藤匠は、ここに実業家や政治家の災害対応への意識の変化を見出し、大震災善後会は実業家や政治家が震災対応への問題意識を共有し、合意を形成する場になったと評価する。

国際的支援への異なる対応——アメリカとソ連からの支援

関東大震災という未曽有の災害に対して、世界中から見舞いのメッセージや義援の金品が寄せられた。

『昭和天皇実録』第三によれば、英仏伊などの欧米諸国、ブラジル・アルゼンチン・チリ・メキシコなど中南米諸国、エジプト・エチオピアなどアラブ・アフリカ諸国、タイ・インドなどのアジア諸国など、世界の君主・元首から天皇や摂政に見舞電報が寄せられ、それぞれに返礼電報が送られた。

義援の金品も大量に送られてきた。先にも触れたように『帝都復興事業図表』によれば、海外（同地の在留日本人も含む）からの義援金と義援品を金額に換算し、合計すると、約四一五七万円にのぼる。

金額の多い順に、アメリカから約三〇九三万円、イギリスから約五七九万円、中国から約二六〇万円で、上位三ヵ国で全体の九割以上を占めた。一位のアメリカの金額は、二位のイギリスの五倍以上、全体の七割以上を占めて突出している。

波多野勝・飯森明子の研究（『関東大震災と日米外交』）によれば、クーリッジ米大統領は、震災の報に接すると大正天皇に見舞電報を送り、アメリカ国民に向けては、日本への義援を呼びかける声明を発し、官民を挙げて日本を支援した。

中国方面に派遣されていたアメリカのアジア艦隊には横浜方面への回航を命じ、食糧などを積んだ駆逐艦七隻が九月五日に諸外国からの救援船に先駆けて到着した。アメリカ艦隊は避難民の海上輸送にも従事した。アメリカの植民地フィリピンに駐屯する陸軍は、野戦病院一式、医療品、食糧を積み、医師・看護師も乗せた輸送船を横浜に向かわせた。アメリカ本土からも食糧や医薬品、毛布などを積んだ船舶が出航した。

以後、救援物資を積んだアメリカを中心とする外国の艦船・船舶が日本に続々と来航した。

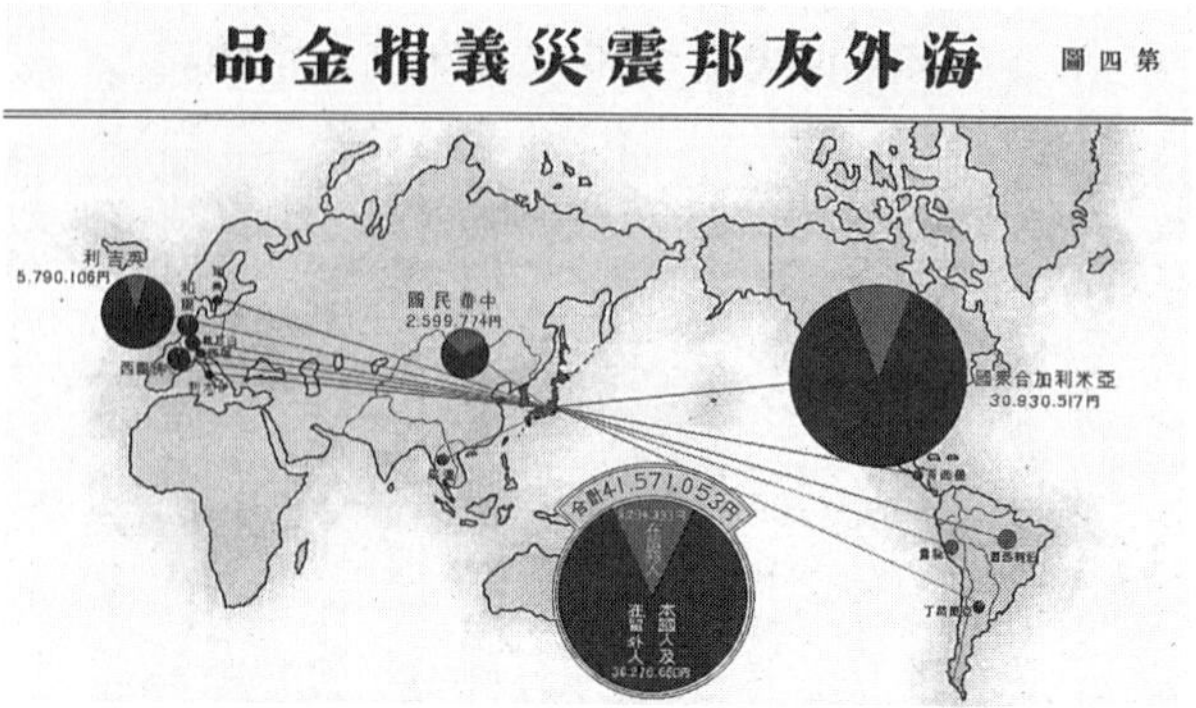

上・関東大震災時の海外からの義援金（東京市編『帝都復興事業図表』1930年）／下・アメリカ・シカゴでの関東大震災への義援金募集

ただし、救援船の受け入れは震災直後の日本政府の負担も大きかった。港湾施設が地震で破壊され、人員の確保もままならず、物資の陸揚げが難しかったからだ。また、本来なら外国船が入れない海域への進入や航行を認めたため、軍部は国防上の秘密を収集される懸念を抱く。

九月一二日には、当時国交がなかったソ連からの救援船、革命指導者の名前を冠した「レーニン号」が横浜に入港する。日本政府は当初、乗組員の上陸は不許可とするが、救援物資は受け取る方針だった。だが、乗船した日本の警察関係者が、「レーニン号」の目的を労働者階級への救援物資の提供、革命の宣伝であると認めたことで、日本政府は方針を転換し、物資は一切受け取らず、国外に退去させることにした。「レーニン号」は一四日に横浜港を出港した。

アメリカの特別な支援

アメリカは、震災を受けた日本を大規模に支援することで、日本人が持つアメリカへの疑念や敵意を払拭《ふっしょく》し、友好関係を発展させようとしていた。

香港大学教授のチャールズ・シェンキングは、アメリカからの支援について、その規模だけでなく、使用方法について条件を付けず、日本政府の意思を尊重したことの重要性を指摘する（"Giving Most and Giving Differently"）。これまでもアメリカは海外の災害に対して積極的に支援を行っていたが、そのなかでも関東大震災時の日本への支援は特別だった。

日本政府もアメリカの厚意に応え、物資の多くをアメリカから買い入れ、アメリカの義援による物資にはアメリカからのものであることを明示し、日本国民にわかるようにした。

アメリカ側の日本政府の意思を尊重する姿勢は、義援金の趣旨に合致しない使用まで認めたことによく表れている。

たとえば、本来被災者に無料で配布されるべき義援物資を、日本政府は支払い能力のある者には販売することにしたが、アメリカはそれを容認した。さらに、日本政府からアメリカの義援金の一部を用いて記念病院を建設し、アメリカの同情を記録したいという提案が行われると、それにも同意した。

こうして一九二四年四月に内相を会長、駐日アメリカ大使を名誉会長とする同愛記念病院財団が設立される。設立時の資産は、アメリカ赤十字社の寄付によるアメリカ人の義援金（利子を含む）約七〇九万円だった（創設費を約三〇〇万円とし、残りを経営資金とした）。設置場所は被災地の本所・深川方面とされ、多くの人びとが亡くなった被服廠跡近くの本所区横《よこ》網町《あみちょう》に決まった。

これに加え、やはりアメリカ赤十字社からの義援金の残額約一〇五万円も同財団に寄付され、横浜市に横浜同愛記念病院を建設・維持するための基金となった（『同愛記念病院財団第一回事業報告書』）。

アメリカからの義援金三〇九三万円のうち、約四分の一にあたる八〇〇万円以上が病院設立のために使われていた。震災を機に日米の友好関係を発展させるため、アメリカは日本政府の意思をあくまでも尊重したのである。

巨大災害を受けた日本へのアメリカによる大規模かつ日本側の意思を尊重した支援によって、日米の友好関係は発展していくはずだった。ところが、こうした災害外交の成果は、震災翌年には損なわれていく。一九二四年五月にアメリカは排日条項、つまり日本人移民を標的にした「帰化資格のない外国人」を排斥する条項を含む移民法を成立させ、日本人の感情を強く傷つけたからだ。

当時のアメリカ人にとって、日本本土の日本人に大きな同情を示すことと、日本人移民をアメリカ社会で受け入れることは別だった（"Giving Most and Giving Differently"）。

後藤新平の意気込み

関東大震災では、東京・横浜という大都市が壊滅的な被害を受けた。そのため復興事業も前例のない規模となった。

地震発生直後から山本内閣の後藤新平内相は復興計画の立案に着手していた。九月六日午前の閣議で、後藤内相は「帝都復興の議」を提唱する。

「帝都復興の議」で後藤は、東京は帝国の首都であり、国家政治の中心、国民文化の淵源《えんげん》でその復興は一都市の問題ではなく、国家・国民の問題であるとした。さらに、今回の震災による惨害は言うに忍びないものだが、理想的帝都建設のための絶好の機会である。首相を総裁とし、国務大臣級の人物を委員とする「臨時帝都復興調査会」を設け、帝都復興の最高政策を審議決定することを主張した。

後藤は次の三つの提案をしている。①帝都復興を担当する官庁の新設、②長期の内外債を財源とした国費による復興経費の支弁、③公債発行により被災地域の土地を買収したうえでの土地整理である。閣議は、③については留保したが、①②はおおむね異議なく承認した(『帝都復興事業誌』)。だが結局③はその後も認められなかった。

後藤は、以前より都市計画に関心を持っていた。一九二〇年一二月から震災発生の約四ヵ月前の二三年四月まで東京市長を務め、在任中の一九二一年には、都市計画に基づき、以下のような事業を発表していた。重要街路の新設・拡幅・整理、ゴミなどの処分施設、上下水道事業の完成、住宅地の経営、河川・港湾の改修、大小公園の整備、斎場・墓地・火葬場などの新設、市場などの新設、市庁舎・公会堂の新設など、総合的な都市基盤整備である。

この事業計画は、一〇年から一五年での完成を期すものだったが、国家予算が約一五億円の時代に、総事業費が七億～八億円にのぼったため「後藤の大風呂敷」といわれた（『〈決定版〉正伝後藤新平』七）。

しかし、後藤がこうした都市づくりのビジョンを以前から持っていたことが、突発的な震災の直後にあって帝都復興を主導することを可能とした（越澤明『後藤新平』）。「帝都復興の議」にある理想的帝都建設のための絶好の機会というポジティブな表現が、それを物語る。

九月一二日に「帝都復興に関する詔書」が出された。そこでは、東京は帝国の首都であり、政治経済の枢軸、国民文化の源泉であって、震災によって破壊されてしまったが「国都」の地位を失わないこと、その善後策は旧態を回復するにとどまらず、進んで将来の発展を図らなければならないこと、内閣に命じて特殊の機関を設定して帝都復興について審議調査させること、政府と国民が協力して興国の基礎を固めることを望むことなど、後藤の主張が盛り込まれていた。

後藤新平（1857～1929）
医師，官僚，政治家．岩手県出身．医学校卒業後，愛知県病院長を経て内務省衛生局長，台湾総督府民政長官．満鉄初代総裁．逓相，内相，外相，東京市長を歴任し23年に内相再任，震災復興計画を立案

東京が首都であることを確認する文言があるのは、大地震とその被害の大きさ

に衝撃を受け、より安全な場所に首都を移すべきと主張する遷都論を打ち消す意味もあった。そうした噂《うわさ》が広まれば、東京の人びとの不安が再び大きくなる恐れがあったからである。九月一五日と一八日には摂政宮が被災地巡視を行った。一五日には都心を、一八日には被害が最も大きかった下町を巡視している。一九日には摂政宮が震災の実況を見聞し心を痛めたため、今秋に予定されていた結婚式は延期すると宮内省から発表があった。

帝都復興計画の立案・確定

九月一九日に首相を総裁、現職の国務大臣と国務大臣経験者クラスの人物を委員として、首相の諮詢《しじゅん》に応じ、帝都復興に関する重要案件を審議する帝都復興審議会が設置された。九月二七日には首相の管理下に東京・横浜の都市計画の策定と実施を担当する帝都復興院が設置され、総裁は後藤内相が兼任した。

帝都復興院には総裁の諮詢に応じ、重要事項を調査審議する帝都復興院評議会（会長は元蔵相・元東京市長の阪谷芳郎貴族院議員。以下、政財界の有力者）、院務に加わる帝都復興院参与会（関係官庁の次官、警視総監、東京府知事、東京市長、神奈川県知事、横浜市長など）も設けられた。

こうして後藤新平を中心にして、帝都復興院に人材を集めて帝都復興計画を立案し、三つの会議体で各界の意見を総合調整して決定していく仕組みがつくられる（『復興計画』）。

第一次世界大戦でヨーロッパが戦場化したことは日本経済に有利に働き、日本は空前の好景気に沸いた。しかし、大戦が終結すると景気は一転して悪化していた。そこに関東大震災による巨額の損害を被ったのである。日本の経済・財政はきわめて苦しい状況にあった。復興のために回せる予算も限られていた。

帝都復興事業費は当初の理想案では約四一億円だったが、検討の過程で削減されて帝都復興審議会にかけられたときには約七億円、審議の結果さらに削られて、帝国議会に提出された際には約五億七〇〇〇万円になっていた。

帝国議会でもさらに削減され、約四億七〇〇〇万円となる。帝都復興のための独立官庁も不要とされ、帝都復興院の事務費も削られる。そのため、一九二四年二月に帝都復興院は廃止され、内務省の外局として復興局が新設されて帝都復興事業を引き継いだ。

こうした結末を迎えた要因は、厳しい財政状況だけではない。復興計画のなかの土地区画整理事業には地主からの反対があった。街路が整えられる一方で、道路や公園などの公共用地確保のために所有地の一部を提供しなければならないからだ。

また、大災害後といえども政治や政治家の課題は復興だけではない。当時の後藤は内相として男子普通選挙制度の導入や、政治家として新党結成にも取り組んでいた。その過程で、後藤は第一党の立憲政友会の反発を買い、第二党の憲政会内でも反後藤派の勢力が強まった。帝都復興審議会のメンバーとなった大物政治家も後藤の言いなりにはならなかった。後藤が進める帝都復興計画は、こうした政治的な駆け引きと政権争いに巻き込まれたのである。

さらには、帝都復興院についても、優れた人材を多方面から集めたものの、それゆえに専門官僚同士の意見や立場がぶつかり、後藤はそれをうまくまとめられなかった（『帝都復興の時代』）。

応急・復旧・復興資金の融通

巨大災害からの復旧・復興には巨額の資金が必要だった。国庫からの補助や貸付、大蔵省預金部資金などが当面の財源となったが、中長期的な資金は内国・外国の公債を発行して調達する必要があった。

大蔵省預金部資金については、これまでの災害のように、地方債の引受けによる府県市などを通じた貸付と、日本興業銀行・日本勧業銀行・農工銀行の特殊銀行債券を預金部で引き受ける、特殊銀行を通じた貸付を主としていた。これらにより、地方公共団体や商・工・農業者、個人に復旧・復興資金を供給したのである。例外として、日本興業銀行への直接融資による大工業救済のための貸付や、東京市・横浜市の復興外債成立までの短期資金の直接貸付も行われ、巨額の資金が、機動的に提供された（『大蔵省史』一）。

火災保険には地震による支払義務がなかった。しかし、世論は保険会社に支払いを要望した。この問題は紛糾したが、政府が助成金を保険会社に貸し付け、各社は支払い能力に応じて、被災した被保険者に見舞金を支払うことで、一九二四年五月に決着する（「関東大震災と保険金騒動」）。

復興に要する巨額の資金は国内だけでは調達できず、外債も発行した。ちょうど一九〇五年に日露戦争の戦費調達のために発行した英国ポンド建て公債が償還期限に近づいていた。そこで、この外債の借り換えと復興公債の新規募集を同時に行うこととする。

こうして一九二四年に、六分利付イギリスポンド建て公債と六分半利付アメリカドル建て公債が成立し、日本円に換算して約五億四〇〇〇万円が調達された。六分以上の高利であり、日本に不利な条件だったが、復興の材料を輸入するために外貨確保は不可欠だった（『大蔵省史』二）。ただし、外債借り換えと一体のものだった結果、復興事業に充当されたのは、このうちの一億一六〇〇万円だった。そのほか東京市が一億円弱、横浜市が四〇〇〇万円弱の外債を発行している（「帝都復興事業の事業費と財源」）。

5 大震災後の光と陰——復興の物語から戦時体制へ

近代的都市への再生、復興の物語

関東大震災は、近代日本が経験した文字通りの「未曽有」の災害だった。関東大震災は、その後の日本にどのような影響を与えたのだろうか。

関東大震災後の帝都復興事業は当初案より大幅に縮小したが、大規模な区画整理が実施された。幹線道路、近代的な街路（歩車道分離、街路樹、舗装）、堅牢でデザインも工夫された橋梁、公園、鉄筋コンクリート造小学校などが建設された。災害に強いことはもちろん、機能や景観のうえからも、東京は近代的な都市に生まれ変わった。これは現在の東京の骨格となっている。

被災者向けの住宅を大量に供給するため、義援金の一部を用いて財団法人同潤会《どうじゅんかい》が設立された。同潤会が手がけた住宅では、鉄筋コンクリート造集合住宅「同潤会アパート」がよく知られている。現代の生活につながる先進的な試みだった。

関東大震災からの復興過程で大規模な都市計画事業が実施されたことにより、都市計画の専門家が多数育成された。都市計画への一般の関心も高まった。帝都復興事業で培われた人材、手法、経験は、以後の災害復興はもちろん、各地の都市計画事業にも生かされていく。一九三〇年三月には帝都復興事業がほぼ完成したため、東京で帝都復興祭が実施されている。この年には、一九一〇年の関東大水害後に始まった荒川放水路建設に関わる事業も完成している。また、震災後の瓦礫処理で本所・深川の土地がかさ上げされたが、それは一九一七年の東京湾台風後に取られた高潮対策に端を発していた。震災以前の災害に基づく対策と合わせて、帝都復興事業完成後の東京は、火災や地震だけでなく、風水害に対する耐性も高めていた。

帝都復興事業の効果が認識されると、災害を被っても、その後、計画的に街を整備し直せば、以前よりも発展することが可能だとする「復興」の物語が生まれていく。

建築の耐震性も高まった。震災の建築物被害の調査・研究に基づいて、一九二四年七月に市街地建築物法施行令と施行規則が改正、施行された。建築物の高さの最高限度引き下げ、木造家屋の柱の太さの最小限度引き上げ、建物への筋交いの使用などが定められた。耐震設計も義務づけられるようになった。

地震研究体制の強化、飛行機への注目

関東大震災発生を知り、大森房吉は出張先のオーストラリアから急遽《きゅうきょ》、帰国した。大森

はすでに脳腫瘍《のうしゆよう》に侵されていたが、大震災のショックと、社会に震災の危険性を十分に警告できなかった責任を痛感し、病状はさらに悪化。帰国後すぐに入院し、震災発生から約二ヵ月後の一一月八日に死去する。

大震災後、地震の研究体制は強化された。震災から三ヵ月後の一九二三年一二月には東京帝国大学理学部物理学科の地震学講座が分離、地震学科として独立する。大森の後を受けて、今村明恒がその中心となった。

一九二五年一一月には震災予防調査会が廃止され、その調査研究活動は東京帝国大学に付置された地震研究所に、それ以外の業務は震災予防評議会に引き継がれる。中央気象台の地震観測網も拡充・強化された。

震災時に陸上交通が破壊された状況下、飛行機が威力を発揮していた。一九一七年の東京湾台風後に阪谷芳郎が飛行機の利用を提言していたことはすでに触れた。東京立川《たちかわ》の陸軍飛行第五大隊は震災翌日の九月二日早朝から活動を開始していた。日光御用邸に滞在していた天皇の安全確認、上空からの被災地の目視や写真撮影による偵察のほか、命令伝達、情報連絡、宣伝文の撒布《さんぷ》などを行っている。

被災地を撮影した航空写真は、報道などを通じて民間にも出回り、人びとは空から地上を見下ろすという視線を意識するようになった。

一方で、震災は飛行機による脅威への関心も高めた。空襲である。第一次世界大戦から、飛行機による都市への爆撃が本格的に始まっていた。ただし、それは主戦場となったヨーロッパの都市のことであり、日本は空襲を受けていない。

とはいえ、木造家屋が密集する日本の都市が爆撃されれば、ヨーロッパの都市以上の被害をもたらすだろうことは指摘されていた。関東大震災での地震による同時多発火災は、飛行機がばらまく爆弾による同時多発火災と重なったのである。

こうして関東大震災の経験は、巨大自然災害としてだけでなく、戦時の空襲のイメージとしてもとらえられた。その後、関東大震災の経験を踏まえて新たな災害対策が講じられていくが、その際には自然災害や平時の火災に加えて、戦時の空襲への対策も合わせて進められていく。

大阪の危機感——次は関西に近い位置……

関東大震災の経験から、大規模災害や空襲に対しては、これまでも進められてきた府県・市町村・警察・消防・軍など、公的機関の間の連携を拡大・強化することが必要とされた。また、警察力・消防力などの不足を補うために、民間人を動員することも構想される。

その具体的な動きは、震災から一年後の大阪から始まる。東京の被害に大阪が衝撃を受けただけでなく、次に大地震に見舞われるのは、大阪だと考えられていたからだ。それは単なる風評ではない。関東大震災の襲来と被害を的確に予測していた今村明恒によるものだった。

今村は震災の翌月、一九二三年一〇月に大阪で講演を行う。今度の大地震に続き、いくらか経過したのちに、次の大地震が発生する場合、それが関西に近い位置ではあるまいかとも想像されると述べ、市民による防火と訓練の必要性を訴えていた（『地震講話』）。

一九二四年九月に大阪府、大阪市、大阪に司令部を置く陸軍第四師団、軍事警察組織である大阪憲兵隊の間で、大阪市非常変災要務規約が結ばれた。同規約によれば、「非常変災」とは、震災、火災、洪水、高潮や津波およびこれに準ずる災害、もしくは事変とされた。そして「非常変災」発生時には、先述の四つの公的機関の代表で構成される委員会（委員長は大阪府知事）によって、諸機関の間の連携を確保し、その下に在郷軍人会、青年団、医師会、町内会などの団体を組織的に動員する態勢が作られた。

しかし、関東大震災では、民間人が組織した自警団に警察の統制が利かず、かえって混乱を助長し、被害を拡大した。制度を整えるだけでなく、災害を想定した訓練も実施しなければならない。とはいえ、大都市を舞台にこれだけ多くの機関や組織を動かす大規模な訓練を行うことには困難が伴う。

その困難を乗り越えさせたのは地震への切迫感だった。今村の予測を裏付けるかのように、一九二五年五月には兵庫県北部で北但馬《きたたじま》地震（死者四二八人）、二七年三月には京都府北西部で北丹後《きたたんご》地震（死者二九二五人）と、関西で地震が相次いだ。北丹後地震では、大阪府・大阪市でも死者が出ている。

大阪防空演習――軍官民一体の訓練

北丹後地震の翌一九二八年七月、第四師団が主催し、日本で初めての都市防空演習である大阪防空演習を実施した。来襲機に対する飛行機や高射砲による防空戦闘のほか、軍隊以外が行う灯火管制、青年団・在郷軍人・消防・医師などによる警備、消防、毒ガス防護、救護などの訓練が行われた。青年団の防空演習参加に関しては、先述した大阪市非常変災要務規約が適用された。

「防空演習」という名称だと、空襲に対する訓練とのみ理解してしまうが、一九三一年の満洲事変前の防空演習はそうではない。当時は国際情勢的にも、また飛行機の性能のうえでも、日本が空襲を受ける現実性は乏しかった。

一九二八年の大阪防空演習の視察に訪れていた東京市社会教育課長は、大阪防空演習について次のように記している。

爆撃飛行機の襲来を想定した日本最初の「都市防衛演習」であり、その主たる目的は戦時の空襲にあるのはもちろんだが、戦時以外の「非常事変、即《すなわ》ち暴風時の火災、深夜の大地震等」に遭遇した際の「官民一致の共同防衛、市民の訓練」に役立てるのもその目的である、と。

当時、欧米諸国では都市防空演習が行われ、日本でも軍が都市防空演習を希望していた。官民を動員して防空演習を実施したい軍と、大規模災害に対する訓練に軍の協力を得たい大都市の利害が一致したのが、大阪防空演習だったのだ（『近代日本の「国民防空」体制』）。

しかし、防空演習である以上は、指導的な立場になるのは軍（陸軍）だった。一九一〇年から本格的に災害出動を行うようになった軍は、関東大震災では戒厳令下で災害対応の主役にもなった。以後も大規模災害への備えのために、大都市は軍の力を必要とした。関東大震災以後、従来の農村に加えて大都市でも軍の存在感・影響力が高まっていく。一九三一年の満洲事変以降は、防空演習はさらに空襲対策としての性格を強め、軍官民一体の防衛体制づくりが進んでいく。

流言と治安対策――ラジオ放送と虎ノ門事件

関東大震災では、流言によって不正確な情報が広がったことで混乱と被害が拡大した。電波によって広く迅速に情報を伝えられるラジオがあれば、こうした問題は防げたのではないか。一九二〇年にアメリカで世界最初のラジオ放送が始まり、ヨーロッパ諸国も続いていた。日本でも震災後にラジオ放送の準備が急がれ、一九二五年三月に東京で最初のラジオ放送が始まった。ラジオは防空演習でも、情報伝達や実況中継に利用される。

先にみたように関東大震災後の一九二三年九月七日、政府は流言を取り締まるために緊急勅令により治安維持令を発した。治安維持令は流言取締りのみならず、無政府主義や共産主義を取り締まるために、震災以前から準備が進められていた法律の内容も含んでいた（『治安維持法の歴史Ⅱ』）。

震災と同年の一二月二七日、帝国議会の開院式に向かう摂政宮の自動車が虎ノ門外で狙撃される。摂政宮にけがはなかったが、弾丸は自動車の窓ガラスを割り、同乗者に軽傷を負わせた。いわゆる虎ノ門事件である。皇室をねらった襲撃事件は、日本に大きな衝撃を与えた。

裁判記録によれば、犯人は共産主義などの影響を受けており、官憲による社会運動弾圧に強い怒りを抱いていたことなどから、震災以前から事件を計画していた。そして、震災時に亀戸事件、大杉事件のような社会主義者の虐殺事件や朝鮮人虐殺事件が起きたことを新聞で知り、実行を決意したという（『日本政治裁判史録』大正）。

関東大震災とそれに伴う事件が、虎ノ門事件の引き金になったのである。事件の責任を取り、第二次山本権兵衛内閣は総辞職した。

虎ノ門事件の衝撃は、「過激思想」を取り締まるための新たな法律を制定する格好の口実となった（『治安維持法』）。関東大震災に関わる治安維持令の制定、そして虎ノ門事件の発生が、一九二五年の治安維持法の成立を後押しすることになる。

金融不安、新たな人びとのつながり

関東大震災後の経済的な混乱を抑えるために、支払猶予令（モラトリアム）や震災手形対策が取られたことはすでに述べた。震災により損害を被った企業や金融機関に立ち直りの猶予を与える政策により、震災後の経済的な混乱を抑えることができた。しかし「震災手形」とされたもののなかには、以前から経営状況が悪く、震災がなくても支払いが困難だった企業の手形も含まれていた。こうした巨額の不良債権の存在は、日本経済の不安定要因になっていく。

一九二六年一月に成立した第一次若槻礼次郎《わかつきれいじろう》内閣は、震災手形処理に取り組んだ。しかし、その過程で銀行の信用不安を引き起こす。一九二七年三月に金融恐慌が勃発《ぼっぱつ》し、各地で銀行への取り付け騒ぎが起こり、休業する銀行が続出する。その鎮静化に失敗した若槻内閣は、四月に総辞職に追い込まれた。

後継の田中義一《たなかぎいち》内閣の高橋是清蔵相は、関東大震災以来二度目となる支払猶予令（モラトリアム）を発し、日本銀行からの特別貸出を行い、金融恐慌の鎮静化を図ることになる。混乱や不安ばかりではない。社会には、震災時の救援活動への参加を通じて、新たな人のつながりも生まれていた。

東京帝国大学などの学生たちが、避難所の管理や尋ね人の情報の収集・整理・提供などに協力した。その後、彼らの活動は貧困地区に住み込んで社会事業を行う学生セツルメントに発展する（『だれが風を見たでしょう』）。

女性団体同士のつながりも生まれた。一九二三年九月二六日、東京市社会局から乳幼児向けのミルク配給への協力を依頼された日本基督《キリスト》教婦人矯風会の久布白落実《くぶしろおちみ》が、女性団体や高等女学校などに協力依頼の手紙を送った。二八日には、大久保（現新宿区）の日本基督教婦人矯風会の東京婦人ホームに一二団体三四人が集合する。女性たちはミルク以外の衣類の問題や、復興において女性たちに何ができるかという問題も議論し、さらには東京の女性団体の連合体である「東京連合婦人会」の設立を決める。

ミルクの配給は九月三〇日から始まった。女性たちはミルクを配るだけでなく、生活上の不足・不便などの聞き取り調査も行っている。

一〇月二七日には、東京連合婦人会の正式な発会式が開催された。羽仁《はに》もと子、吉岡弥生《よしおかやよい》、河井道《かわいみち》、井上秀《いのうえひで》、大江スミ、平塚らいてう、山川菊栄《やまかわきくえ》、久布白落実など、それぞれの分野で女性運動を指導していた者たちが大同団結したのである。その後、東京連合婦人会は女性参政権運動などにも取り組むようになる（『女たちが立ち上がった』）。

終章　災害多発国日本のあり方とは

二〇世紀初頭の災害

関東大震災に至る二〇世紀初頭は、特に大規模な災害が多発した時期だった。

この時代、日本では大規模な凶作（一九〇五年東北大凶作）や水害（一九一〇年関東大水害）、噴火（一九一四年桜島大噴火）などが起こり、それらの経験をもとに、災害対応体制が次第に整えられていく。

人的側面では、一九一〇年に軍隊の災害出動制度が確立され、災害時の軍隊の活動が本格化する。大正時代になると、政府組織以外でも、在郷軍人会や青年団などの公的性格を持つ団体に加えて、宗教団体、婦人団体、学校、学生団体など、現代でいうボランティアに近い団体も活動に加わるようになる。一九一七年東京湾台風の前後から、さらに公的機関の間の調整や、各種団体の組織的活動を可能とする体制が構築されていった。

財政・金融面では、日露戦争後から被災者の税金免除や、被災者の救助に充てる基金の使い道、救助対象の範囲も拡大された。救援・復旧・復興のための資金として、被災地の府県・市町村などへの補助金に加え、国庫や郵便貯金を原資とする大蔵省預金部からの無利子または低利の貸出しも機動的に実施されるようになる。

一九〇五年東北大凶作や〇六年サンフランシスコ地震を契機として、財界人や帝国議会議員が中心になり、大規模かつ組織的な義援活動を行うようになった。海外からも見舞いのメッセージや、多額の義援金などが届くようになる。日本も他国の災害に同様の対応を取り、災害支援を通じて他国との関係を良好化しようとする災害外交を展開する。

一九二三年の関東大震災に至る約二〇年の間に災害への準備と対応は拡充されていた。だが、関東大震災は前例がない巨大災害となり、さまざまな被害と混乱を生んだ。関東大震災以前の災害対応をみたことで、関東大震災の異次元性がより明確になっただろう。

その後、関東大震災と同様の災害にも対応できる体制の整備が課題となる。同じ頃、第一次世界大戦（一九一四～一八年）の経験から、同様の被害をもたらすものとして空襲も想定される。大規模災害対策（防災）と空襲対策（防空）が一体のものとして推進され、一九三〇年代に戦時色が濃くなるなか、後者の性格が強まっていく。それは戦時動員体制の基礎ともなるものだった。

災害の記憶の継承

関東大震災では、大量の遺体が衛生上の理由からまとめて火葬された。その結果、身元不明の大量の遺骨が生まれ、それらを納めて慰霊し、震災の記憶を伝えていく施設が必要となる。

その施設の設置場所は、最も多くの人が亡くなり、身元不明の遺骨が最も多く存在した本所区の被服廠跡が選ばれた。一九二四年八月に施設建設のため財団法人東京震災記念事業協会の設立が決まった（設立認可は一九二六年）。

こうして被服廠跡に一九三〇年には「震災記念堂」、三一年には「復興記念館」がそれぞれ開館する。これら以外にも被災地に、多数の慰霊碑・記念碑が建てられた。

しかし、記憶が現在にそのまま継承されたわけではない。関東大震災が発生した九月一日に関わる新聞報道を分析した研究成果によれば、その後の太平洋戦争に向かう時期には空襲への備えを説くため、また戦争協力を求めるために関東大震災の記憶が動員された。しかし、敗戦後はそうした必要がなくなったこともあり、関東大震災の周年記事は東京の新聞紙面でも、毎年掲載されるわけではなくなってしまう（『〈災後〉の記憶史』）。

太平洋戦争で戦災を経験したことも大きい。東京では関東大震災で最も大きな被害を受けた下町は、空襲でもほぼ同じ規模の被害を受けた。被害とともに記憶も「上書き」されたのである。本書の冒頭で、関東大震災がそれ以前の災害の記憶を上書きしてしまったことを指摘したが、関東大震災の記憶もまた同様だった。

それを象徴するのが震災記念堂である。震災時同様、空襲時にも大量の身元不明の遺骨が

震災記念堂　関東大震災における約５万8000人の死者の遺骨を納める慰霊施設として，東京で最も被害が大きかった被服廠跡に1930年に建てられた．51年に太平洋戦争中の東京空襲における死者の遺骨も納め，東京都慰霊堂と改称

生まれ、震災記念堂に納められることになり、一九五一年には「東京都慰霊堂」と名称を変更した。復興記念館にも戦災の展示が加わった。

関東大震災は次第に忘れられていった。一九六〇年に政府は九月一日を「防災の日」とした。もちろん関東大震災の記念日だが、「防災の日」を設定した直接のきっかけは、前年九月に五〇〇〇人を超える死者が出た伊《い》勢《せ》湾《わん》台風だった。

しかし、「防災の日」が九月一日に定められたことで、「防災の日」にちなんで関東大震災に言及されることが増え、関東大震災の記憶があらためて定着していく（『〈災後〉の記憶史』）。

災害の記憶は、災害が繰り返されるなか

で上書きと忘却にさらされているのだ。

災害外交のゆくえ

最後に、災害をめぐる外交のその後についてみておこう。

関東大震災は被害も巨大だったが、義援活動も大規模だった。外国からの支援では、アメリカの支援が突出していた。

ところが、翌一九二四年にアメリカで排日移民法が成立し、日本人移民が禁止される。これは日本人に対する差別的扱いが公的に確定したことを意味し、日本人の反発とその影響は、一時的なものでは終わらない性質のものだった。

しかし、排日移民法の成立によって、アメリカが行った大規模な支援が否定されたわけではない。むしろそれは排日移民法の衝撃を緩和させたともいえる。もし震災時にアメリカによる大規模な支援が行われずに排日移民法が成立していたらどうなっていただろう。日本人は、アメリカは日本が弱体化している機会につけこんで排日移民法を成立させたと考え、より強い反発と恨みを抱いたに違いない。

アメリカの震災義援金によって設立された東京同愛記念病院は、一九二九年に完成した（横浜同愛記念病院は二八年に完成）。六月の落成式には田中義一首相以下、内相、商工相、東京府知事、東京市長、日米協会会長、日本医師会会長など、アメリカ側からもアメリカ代理大使など、九〇〇人余りが参列した。

正面玄関には、この病院がアメリカ国民の日本国民への同情と友愛とを永遠に記念するために義援金の一部で設置されたことを示すプレートを掲げ、外来患者には無料診療が行われた（同愛記念病院財団編『九〇年の軌跡』）。

その後の日米間の災害をめぐる外交では、一九三三年三月にカリフォルニアでロングビーチ地震（マグニチュード六・四、死者一一五人、アメリカ地質調査所ウェブサイト）が発生すると、昭和天皇はフランクリン・ルーズベルト米大統領宛に見舞電報を送り、アメリカ大統領からも感謝の答電があった。東京市から五〇〇〇円、横浜市から二〇〇〇円、日本赤十字社から三〇〇〇円、合わせて一万円（当時大卒社員の初任給が七三円）の義援金がアメリカ赤十字社を経て送られている。

これには関東大震災時のアメリカの支援に報いる意味があった。関東大震災から一〇年を経てもアメリカの支援は忘れられていなかった。と同時にアメリカへの見舞いや支援には、一九三一年の満洲事変以後に悪化した日米関係を改善させるねらいも込められていた（「各国変災並救護関係雑件 第三巻 一〇、南加震災関係」）。

しかし、その後、日米は戦争に突入し、関東大震災から二二年後の一九四五年三月、アメリカ軍による東京大空襲で下町が再び焼け野原となった。アメリカの支援で設立された東京同愛記念病院は焼失を免れ、空襲被災者の治療にあたる（同愛記念病院財団編『九〇年の軌跡』）。歴史の皮肉である。

災害外交だけでは良好な関係は築けない。しかし、これはすべての外交にあてはまることだ。災害で被災した人びとに国境を越えて同情の気持ちを示し、支援を行うことは、それ自体に意味がある。

また、南海トラフ巨大地震など巨大災害の発生が予測されている現在、日本が大規模な国際支援の受け手となることも想定しておく必要がある。それは巨大災害に対する備えを強化するだけではない。支援を受ける立場になって考えることは、他国の災害を支援する際にも役立つだろう。災害多発国である日本だからこそ行える災害外交があるはずだ。

あとがき

本書は、二〇世紀初めから一九二三年の関東大震災までの約二〇年間の災害の歴史を記している。関東大震災前の災害の歴史を遡ると、この約二〇年間に、実は国内外でさまざまな種類の大災害が起きていることがわかる。さらに、この時期から日本は国際的な災害支援にも参画していく。二〇世紀初めから関東大震災までの期間は、大災害が続発すると同時に、災害対応に画期的な変化と発展があった時代だったのである。

本書の特徴を挙げれば、以下の三つを指摘できるだろう。

まず、大災害でありながら関東大震災という巨大災害の陰で見落とされがちだった一九一〇年の関東大水害、一四年の桜島大噴火、一七年の東京湾台風などを取り上げたことである。この時期の自然災害は、震災、風水害、火山災害という日本で起き得る多くのものを含んでいる。

次に、災害の相互関係にも注目したことである。以前の災害の経験が次の災害への対応にどのように生かされてきたかだ。たとえば、災害時の義援活動をとってみても、経験を積むとともにより組織化、大規模化していったことがわかる。

さらに、日本の国際的な災害支援活動の始まりと展開について着目したことである。二〇世紀初頭の日本では、その貧しさから他国の災害に支援を行うことの意義は十分に理解されていなかった。だが、欧米駐在の外交官からの情報などにより、災害への支援活動は「文明国」としての務めだとの認識が広まっていく。他方で、一九〇五年の東北大凶作では日本が他国からの支援を受ける。日本国民はその厚意に感謝、感激し、他国への災害支援を行う意義を実感した。その後は日本も他国との友好関係を構築する手段として災害支援を利用していく。

本書はこれらの考察を通し、近代日本が災害からどのような影響を受けてきたか、どのように対応してきたかについて、新たな側面を明らかにできたと思っている。

＊

筆者が災害の歴史について研究を始めたのは、一九九五年の阪神・淡路大震災がきっかけだった。首都圏に住んでいた筆者は、震災を直接体験したわけではない。しかし、ニュースが伝える映像は衝撃的だった。都市が崩壊し、炎上する様子は、戦時の空襲を思い起こさせた。

当時、日本近代史を専攻する大学院生だった筆者は、一九二三年の関東大震災でもそうした見方があったのではないかと考えた。関東大震災の少し前、一九一四年から始まった第一次世界大戦では、航空機が兵器として本格的に使用され、ヨーロッパの都市が空襲を受けていたからである。

予想した通りに、関東大震災後、ヨーロッパの都市空襲と関東大震災の類似性を指摘し、関東大震災の教訓を生かした大規模災害対策や空襲対策の必要性が主張されていた。そうした主張に基づいて都市で市民も巻き込んだ防空演習が実施されるようになる。名前こそ「防空演習」だったが、空襲の脅威がそれほど現実的ではなかった一九三〇年前後には、関東大震災のような大規模災害への訓練としても役立つと考えられていた。

それが、一九三一年の満洲事変以降の軍国主義の時代に出現する「国民防空」体制（空襲時の消防活動に国民を動員していく体制）へとつながっていくことがわかった。「日本は第二次世界大戦まで空襲の経験がなかったから防空体制の整備が遅れ、空襲での甚大な被害を招いたのだ」という通説に対して、新たな説明を加えることができた（『近代日本の「国民防空」体制』）。

このように「災害」とはいっても、筆者の当初の研究対象は主に空襲（対策）だったのだが、中央防災会議災害教訓の継承に関する専門調査会報告書『一九二三 関東大震災』【第二編】（二〇〇八年）の作成に参加し、関東大震災での政府（内閣）の対応について分担執筆したことで、関東大震災そのものについて、より深く考えるようになった。

その後、二〇一一年に東日本大震災が発生すると、歴史学界全体が本格的に災害史の研究に取り組むこととなる。

そうしたなか、国立歴史民俗博物館の企画展示「歴史にみる震災」（二〇一四年三月〜五月）の展示プロジェクトに参加したことで、関東大震災だけでなく、一九四四年の東南海地震・一九四六年の南海地震など、敗戦前後の自然災害についても調べる機会を得た。

二〇一六年には関東地方の近現代史を研究する首都圏形成史研究会のなかに、小研究会「首都圏災害史研究会」を研究者仲間たちと立ち上げた。同研究会の研究成果は、土田・吉田律人・西村健編著『関東大水害　忘れられた一九一〇年の大災害』として二〇二三年に刊行されている。

こうした研究者をはじめとする多くの人たちの指導や対話が、筆者の災害史研究を導いてくれた。災害を取り上げた授業での学生たちの反応からは、新たな発見を得た。そして、中公新書編集部の白戸直人氏の助言と激励によって、それらの成果を一冊にまとめることができた。

災害史の研究は、近年の巨大災害の発生を受けて広く注目され始めたもので、なお発展途上にある。「災害史」というと、過去の災害経験から教訓を学ぶというイメージを持つかもしれない。筆者も災害史研究の意義を訴えるために、さまざまな場面でそのように説明してきた。

けれども、これまで災害史研究を続けてきて感じるのは、その広がりの大きさである。大災害となればその影響は、政治、経済、社会、文化、科学技術、そして外国との関係にまで及ぶ。

災害史を「災害の歴史の研究」という狭い意味ではなく、「災害を通じて歴史を考える」という、より広い意味でとらえることで、災害史を歴史学の一分野として確立させるだけでなく、歴史学そのものを発展させていければと思う。本書がそのために少しでも役立てば幸いである。

二〇二三年五月二〇日

土田宏成

参考文献

序章

【史料】

「仏領西印度マルチニック島噴火一件」、「天災関係雑件」第二巻、6-3-1-4、外務省外交史料館

（新聞）『時事新報』、『東京朝日新聞』、『東京日日新聞』、『読売新聞』

【著書・論文】

今泉宜子『明治日本のナイチンゲールたち　世界を救い続ける赤十字「昭憲皇太后基金」の一〇〇年』（扶桑社、二〇一四年）

金子史朗『世界の大災害　怒れる地球』（三省堂〈三省堂新書〉、一九七四年、のち中公文庫、一九八八年）

明治神宮監修・宮内庁著『昭憲皇太后実録』下巻（吉川弘文館、二〇一四年）

第1章

◎一九〇五年東北大凶作

【史料】

「東北地方ニ於ケル凶作ヲ救済スルノ方法概要ノ件」、公文雑纂・明治三十八年・第十六巻・内務省四、国立公文書館

「変災及救済関係雑件　東北地方饑饉救助之件」第一巻、第五巻、6.3.1.8-2、外務省外交史料館

帝国議会会議録（帝国議会会議録検索システム teikokugikai-i.ndl.go.jp/）

（新聞）『時事新報』『東京朝日新聞』

原敬文書研究会編『原敬関係文書』七（書類篇四）（日本放送出版協会、一九八七年）

福島県編『福島県凶荒誌』（福島県、一九一〇年）

宮城県編『明治三十八年宮城県凶荒誌』（宮城県、一九一六年）

山本四郎編『寺内正毅日記　一九〇〇～一九一八』（京都女子大学、一九八〇年）

【著書・論文】

牛米努『近代日本の課税と徴収』（有志舎、二〇一七年）

大蔵省理財局資金課編『大蔵省預金部史　草創時代ヨリ昭和十六年ニ至ル』（大蔵省理財局資金課、一九六四年）

菊池義昭・三上邦彦「一九〇五（明治三八）年東北三県凶作と罹災者救援団体等の活動に関する研究一　研究の目的とキリスト教系団体の活動実態（一）」（『東北社会福祉研究』八、一九八七年）

菊池義昭「東北三県凶作と海外からの救援活動（一）　海外からの義捐の概要と米国赤十字社等の義捐金配分の実態（一）」（『東北社会福祉研究』一二、一九九二年）

宮内庁『明治天皇紀』第一一（吉川弘文館、一九七五年）

小林康達『楚人冠　百年先を見据えた名記者杉村広太郎伝』

（現代書館、二〇一二年）
仙台基督教育児院八十八年史編纂委員会編『仙台基督教育児院八十八年史』（仙台基督教育児院、一九九四年）
土田宏成「一九〇五年東北三県凶作をめぐる国内外の動向」（『日本歴史』八六六、二〇二〇年七月）
日本勧業銀行調査部編『日本勧業銀行史　特殊銀行時代』（日本勧業銀行調査部、一九五三年）
M・ウィリアム・スティール「東北飢饉　近代性の裏表」（同著・大野ロベルト訳『明治維新と近代日本の新しい見方』東京堂出版、二〇一九年）
◎一九〇六年サンフランシスコ地震
【史料】
（新聞）『東京朝日新聞』、*The San Francisco Call*（アメリカ議会図書館ウェブサイト）
【著書・論文】
賀川真理『サンフランシスコにおける日本人学童隔離問題』（論創社、一九九九年）
泊次郎『日本の地震予知研究一三〇年史　明治期から東日本大震災まで』（東京大学出版会、二〇一五年）
波多野勝・飯森明子『関東大震災と日米外交』（草思社、一九九九年）
【その他】
アメリカ地質調査所ウェブサイト、The Great 1906 San Francisco Earthquake、https://earthquake.usgs.gov/earthquakes/events/1906calif/18april/

第2章

◎中国の水害（一九〇六～〇八年）
【史料】
「変災及救済関係雑件　中部支那江北饑饉救恤ノ件」、6.3.1.8-4、外務省外交史料館
「変災及救済関係雑件　支那広東地方水災救恤ノ件」第一巻、6.3.1.8-5、外務省外交史料館
『東亜同文会報告』第一〇五回（一九〇八年八月）（ゆまに書房の復刻版）
（新聞）『大阪毎日新聞』、『東京朝日新聞』、『読売新聞』
【著書・論文】
阿部洋『「対支文化事業」の研究　戦前期日中教育文化交流の展開と挫折』（汲古書院、二〇〇四年）
菊池貴晴『増補　中国民族運動の基本構造　対外ボイコット運動の研究』（汲古書院、一九七四年）
土田宏成「近代日本の「災害外交」の展開　二〇世紀初頭を中心に」（土田宏成・吉田律人・西村健編著『関東大水害　忘れられた一九一〇年の大災害』日本経済評論社、二〇二三年）
長岡新吉『明治恐慌史序説』（東京大学出版会、一九七一年）
吉澤誠一郎『愛国とボイコット　近代中国の地域的文脈と対日関係』（名古屋大学出版会、二〇二一年）
◎ヨーロッパの災害
【史料】
「変災及救済関係雑件　伊国南部地方震災ノ件」、6.3.1.8-6、外務省外交史料館
「変災及救済関係雑件　仏国「セーヌ」河洪水救恤ノ件」、6.3.1.8-9、外務省外交史料館

帝国議会会議録（帝国議会会議録検索システム teikokugikai-i.ndl.go.jp/）
『官報』
（新聞）『東京朝日新聞』、『読売新聞』
大森房吉「メッシナ大地震概況」（『東洋学芸雑誌』二六―三三五、一九〇九年八月）
千葉功編『桂太郎関係文書』（東京大学出版会、二〇一〇年）
【著書・論文】
伊東かおり『議員外交の世紀　列国議会同盟と近現代日本』（吉田書店、二〇二二年）
今泉宜子、前掲『明治日本のナイチンゲールたち』
宮内庁『明治天皇紀』第一二（吉川弘文館、一九七五年）
国立天文台編『理科年表　二〇二三』（丸善出版、二〇二二年）
佐川美加『パリが沈んだ日　セーヌ川の洪水史』（白水社、二〇〇九年）

第3章

【史料】
「変災及救済関係雑件　関東地方水害救恤ノ件」第一巻、6.3.1.8-10、外務省外交史料館
「救恤及義捐金雑件」第一巻、6.3.1.6-1、外務省外交史料館
「警察官吏職務応援ニ関スル件ヲ定ム」、JACAR（アジア歴史資料センター）Ref. A15113753300、公文類聚・第三十四編・明治四十三年・第三巻（国立公文書館）
『官報』
『中央公論』
（新聞）『東京朝日新聞』『大阪毎日新聞』『読売新聞』
伊藤左千夫『左千夫全集』第三巻（岩波書店、一九七七年）
学習院大学史料館編『写真集　明治の記憶　学習院大学所蔵写真』（吉川弘文館、二〇〇六年）
小松緑『明治外交秘話』（原書房、一九六六年）
中央気象台編『気象要覧』一二八（一九一〇年九月）
東京市役所編『東京市史稿』変災篇第三（東京市役所、一九一六年）
東京水災善後会編『東京水災善後会報告』（東京水災善後会、一九一一年）
臨時水害救済会編『臨時水害救済会報告書』（臨時水害救済会、一九一一年）
【著書・論文】
大蔵省理財局資金課編、前掲『大蔵省預金部史』
軽井沢町誌刊行委員会編『軽井沢町誌』歴史編（近・現代編）（軽井沢町誌刊行委員会、一九八八年）
宮内庁、前掲『明治天皇紀』第一二
国土交通省関東地方整備局荒川下流河川事務所企画、荒川下流誌編纂委員会編著『荒川下流誌』本編（リバーフロント整備センター、二〇〇五年）
新城道彦『天皇の韓国併合　王公族の創設と帝国の葛藤』（法政大学出版局、二〇一一年）
大霞会編『内務省史』三（地方財務協会、一九七一年）
武田尚子『ミルクと日本人　近代社会の「元気の源」』（中央公論新社〈中公新書〉、二〇一七年）
土田宏成「明治四三年大水害への政府の対応について　内務省を中心にして」（『土木史研究　講演集』四〇、二〇二〇年）
土田宏成「近代史料（1）　政治に関する史料」（近藤成一・杉

森哲也編著『日本史史料を読む』放送大学教育振興会、二〇二一年）
土田宏成・吉田律人・西村健編著、前掲『関東大水害 忘れられた一九一〇年の大災害』
山崎有恒「明治末期の治水問題」（櫻井良樹編著『地域政治と近代日本 関東各府県における歴史的展開』（日本経済評論社、一九九八年）
吉田律人『軍隊の対内的機能と関東大震災 明治・大正期の災害出動』（日本経済評論社、二〇一六年）

第4章

【史料】

「変災及救済関係雑件 鹿児島県下震災及東北地方饑饉救助ノ件」第一巻、6.3.1.8-11，外務省外交史料館
帝国議会会議録（帝国議会会議録検索システム teikokugikai-i.ndl.go.jp/）
『官報』
（新聞）『東京朝日新聞』、*The Times*（マイクロ）、*The New York Times Late ed.*（マイクロ）、*The Washington Herald*（アメリカ議会図書館「Chronicling America」https://chroniclingamerica.loc.gov/ で検索・閲覧）
『政友』（柏書房による復刻版）
鹿児島県編『桜島大正噴火誌』（鹿児島県、一九二七年）
「渋沢栄一日記」デジタル版『渋沢栄一伝記資料』三一
東北九州災害救済会『東北九州災害救済会報告書』（東北九州災害救済会、一九一四年）
原奎一郎編『原敬日記』三（福村出版、一九六五年）

【著書・論文】

牛米努、前掲『近代日本の課税と徴収』
大蔵省編『明治大正財政史』一三（経済往来社、一九五九年）
鹿児島県議会編『鹿児島県議会史』一（鹿児島県議会、一九七一年）
北原糸子・松浦律子・木村玲欧編『日本歴史災害事典』（吉川弘文館、二〇一二年）
宮内省図書寮編修・岩壁義光補訂『大正天皇実録 補訂版』第四（ゆまに書房、二〇一九年）
佐藤健太郎「大正期の東北振興運動」（『国家学会雑誌』一一八―三・四、二〇〇五年）
中央防災会議災害教訓の継承に関する専門調査会報告書『一九一四 桜島噴火』（二〇一一年）
土田宏成「大正三年桜島噴火への対応について 中央政府の対応と国内外の義援活動を中心として」（『土木史研究 講演集』四二、二〇二二年）
柳川喜郎『復刻 桜島噴火記 住民ハ理論ニ信頼セズ…』（南方新社、二〇一四年、原本は一九八四年）

第5章

【史料】

帝国議会会議録（帝国議会会議録検索システム teikokugikai-i.ndl.go.jp/）
『官報』
『警視庁・東京府公報』、国立国会図書館議会官庁資料室
（新聞）『東京朝日新聞』『東京日日新聞』『読売新聞』
『東京商業会議所月報』一〇―一〇（一九一七年一〇月）

井上友一著・近江匡男編『井上明府遺稿』（近江匡男、一九二〇年）
大谷東平『暴風雨』（岩波書店〈岩波新書〉、一九四〇年）
田村與吉「災後ニ於ケル東京市河海応急施設」（『土木学会誌』四―二、一九一八年四月）
中央気象台編『気象要覧』二一四（一九一七年一〇月）
東京府編『大正六年十月東京府風水害救済概要』（東京府、一九一七年）、市政専門図書館
東京府編『東京府大正震災誌』（東京府、一九二五年）
東京府編『東京府史　府会篇』六（東京府、一九三三年）
東京風水害救済会編『東京風水害救済会報告書』（東京風水害救済会、一九一八年）
中野武営「災害に現はれたる日本商人の欠点」（『実業之日本』二〇―二二、一九一七年一〇月）
中村左衛門太郎「東京湾内津浪調査」（『気象雑纂』一―三、一九一八年一月）

【著書・論文】

稲村光郎『ごみと日本人　衛生・勤倹・リサイクルからみる近代史』（ミネルヴァ書房、二〇一五年）
河竹繁俊「私の履歴書」（日本経済新聞社編『私の履歴書』一三、日本経済新聞社、一九六一年）
北原糸子「関東大震災の行政対応策を生み出した大正六年東京湾台風」（『歴史都市防災論文集』一、二〇〇七年）
警視庁史編さん委員会編『警視庁史』大正編（警視庁史編さん委員会、一九六〇年）
斎藤隆介『職人衆昔ばなし』（文藝春秋〈文春ウェブ文庫〉、二〇〇一年）
白石弘之「東京都公文書館が所蔵する関東大震災関係資料について」（『年報　首都圏史研究』一、二〇一二年）
鈴木淳『関東大震災　消防・医療・ボランティアから検証する』（筑摩書房〈ちくま新書〉、二〇〇四年、のち講談社学術文庫、二〇一六年）
田辺貞之助『江東昔ばなし』（菁柿堂、二〇一六年）
土田宏成「大正六年東京湾台風災害への対応に関する基礎的研究　東京府を中心に」（『土木史研究　講演集』四一、二〇二一年）
東京都福祉事業協会七十五年史刊行委員会編『東京都福祉事業協会七十五年史　明日の社会福祉のために』（東京都福祉事業協会、一九九六年）
吉田律人、前掲『軍隊の対内的機能と関東大震災』

第6章

【史料】

（新聞）『東京日日新聞』
井上準之助論叢編纂会編『井上準之助論叢附録　井上準之助伝』（井上準之助論叢編纂会、一九三五年）
今村明恒『地震講話』（岩波書店、一九二四年）
姜徳相・琴秉洞編『現代史資料6　関東大震災と朝鮮人』（みすず書房　一九六三年）
北原糸子編『写真集 関東大震災』（吉川弘文館、二〇一〇年）
倉富勇三郎日記研究会編『倉富勇三郎日記』三（国書刊行会、二〇一五年）
警視庁編『大正大震火災誌』（警視庁、一九二五年）
小林道彦・高橋勝浩・奈良岡聰智・西田敏宏・森靖夫編『内田

康哉関係資料集成』一（柏書房、二〇一二年）
尚友倶楽部・季武嘉也・櫻井良樹編『財部彪日記　海軍大臣時代』（芙蓉書房出版、二〇二一年）
震災予防調査会編『震災予防調査会報告』第百号（戊）（震災予防調査会、一九二五年）
大震災善後会編『大震災善後会報告書』（大震災善後会、一九二五年）
同愛記念病院財団編『同愛記念病院財団第一回事業報告書』（同愛記念病院財団、一九二六年）
東京市編『帝都復興事業図表』（東京市、一九三〇年）
東京市政調査会編『帝都復興秘録』（寳文館、一九三〇年）
内務省社会局編『大正震災志』下（内務省社会局、一九二六年）
復興事務局編『帝都復興事業誌』緒言・組織及法制篇（復興事務局、一九三一年）
水野錬太郎『我観談屑』（万里閣書房、一九三〇年）

【著書・論文】

石田頼房『日本近現代都市計画の展開　一八六八―二〇〇三』（自治体研究社、二〇〇四年）
伊東孝祐・大沢昌玄・伊東孝「帝都復興事業の事業費と財源」（『土木学会論文集D2（土木史）』七三―一、二〇一七年）
伊藤匠「関東大震災と大震災善後会　経済復興への取り組みを中心に」（『年報　首都圏史研究』一一、二〇二二年）
今井清一『横浜の関東大震災』（有隣堂、二〇〇七年）
上山明博『地震学をつくった男・大森房吉』（青土社、二〇一八年）
牛米努、前掲『近代日本の課税と徴収』
王京「関東大震災における航空写真の登場と空間認識」（『年報　首都圏史研究』一、二〇一一年）
大江志乃夫『戒厳令』（岩波書店〈岩波新書〉、一九七八年）
大蔵省財政金融研究所財政史室編『大蔵省史　明治・大正・昭和』一（大蔵財務協会、一九九八年）
荻野富士夫『治安維持法の歴史Ⅱ　治安維持法　その成立と「改正」史』（六花出版、二〇二二年）
尾原宏之『大正大震災　忘却された断層』（白水社、二〇一二年）
折井美耶子・女性の歴史研究会編著『女たちが立ち上がった　関東大震災と東京連合婦人会』（ドメス出版、二〇一七年）
姜徳相『関東大震災・虐殺の記憶　新版』（青丘文化社、二〇〇三年）
北原糸子『関東大震災の社会史』（朝日新聞出版、二〇一一年）、のち北原糸子『震災復興はどう引き継がれたか　関東大震災・昭和三陸津波・東日本大震災』（藤原書店、二〇二三年）に収録
宮内庁『昭和天皇実録』第三（東京書籍、二〇一五年）
越澤明『復興計画　幕末・明治の大火から阪神・淡路大震災まで』（中央公論新社〈中公新書〉、二〇〇五年）
越澤明『後藤新平　大震災と帝都復興』（筑摩書房〈ちくま新書〉、二〇一一年）
鈴木淳、前掲『関東大震災』
鈴木淳「関東大震災の予見と防災対策」（似田貝香門・吉原直樹編『震災と市民一　連帯経済とコミュニティ再生』東京大学出版会、二〇一五年）
武村雅之『手記で読む関東大震災』（古今書院、二〇〇五年）

武村雅之『関東大震災を歩く　現代に生きる災害の記憶』（吉川弘文館、二〇一二年）
竹山昭子『ラジオの時代　ラジオは茶の間の主役だった』（世界思想社、二〇〇二年）
田村祐一郎「関東大震災と保険金騒動」一～一七（『流通科学大学論集　人間・社会・自然編』一六―三～二三―一、二〇〇四～二〇一〇年）
中央防災会議災害教訓の継承に関する専門調査会報告書『一九二三　関東大震災』一～三（二〇〇六、二〇〇八、二〇〇九年）
土田宏成『近代日本の「国民防空」体制』（神田外語大学出版局、二〇一〇年）
土田宏成『帝都防衛　戦争・災害・テロ』（吉川弘文館、二〇一七年）
筒井清忠『帝都復興の時代』（中央公論新社〈中公選書〉、二〇一一年、のち中公文庫、二〇一七年）
鶴見祐輔著・一海知義校訂『〈決定版〉正伝後藤新平　七　東京市長時代』（藤原書店、二〇〇六年）
東京大学百年史編集委員会編『東京大学百年史』通史二（東京大学出版会、一九八五年）
土木学会土木史研究委員会編『図説　近代日本土木史』（鹿島出版会、二〇一八年）
泊次郎、前掲『日本の地震予知研究一三〇年史』
中澤俊輔『治安維持法　なぜ政党政治は「悪法」を生んだか』（中央公論新社〈中公新書〉、二〇一二年）
日本近代建築法制一〇〇年史編集委員会編『日本近代建築法制の一〇〇年　市街地建築物法から建築基準法まで』（日本建築センター、二〇一九年）
日本銀行百年史編纂委員会編『日本銀行百年史』三（日本銀行、一九八三年）
日本放送協会編『二〇世紀放送史』上（日本放送出版協会、二〇〇一年）
波多野勝・飯森明子、前掲『関東大震災と日米外交』
藤野裕子『都市と暴動の民衆史　東京・一九〇五―一九二三年』（有志舎、二〇一五年）
藤野裕子『民衆暴力　一揆・暴動・虐殺の日本近代』（中央公論新社〈中公新書〉、二〇二〇年）
毎日新聞社編『「毎日」の3世紀　新聞が見つめた激流一三〇年』上巻（毎日新聞社、二〇〇二年）
宮田親平『だれが風を見たでしょう　ボランティアの原点・東大セツルメント物語』（文藝春秋、一九九五年）
宮地忠彦『震災と治安秩序構想　大正デモクラシー期の「善導」主義をめぐって』（クレイン、二〇一二年）
山下文男『君子未然に防ぐ　地震予知の先駆者今村明恒の生涯』（東北大学出版会、二〇〇二年）
山田昭次『関東大震災時の朝鮮人虐殺　その国家責任と民衆責任』（創史社、二〇〇三年）
山田昭次『関東大震災時の朝鮮人迫害　全国各地での流言と朝鮮人虐待』（創史社、二〇一四年）
吉田律人、前掲『軍隊の対内的機能と関東大震災』
吉村昭『関東大震災』（文藝春秋、一九七三年、のち文春文庫、一九七七年）
レベッカ・ソルニット著・高月園子訳『定本　災害ユートピア　なぜそのとき特別な共同体が立ち上がるのか』（亜紀書房、

二〇二〇年）
我妻栄編集代表『日本政治裁判史録』大正（第一法規出版、一九六九年）
J. Charles Schencking, Giving Most and Giving Differently: Humanitarianism as Diplomacy Following Japan's 1923 Earthquake, *Diplomatic History*, Volume 43, Issue 4, September 2019
Massimo La Torre, The Collapse of the Rule of Law : The Messina Earthquake and the State of Exception, *Netherlands Journal of Legal Philosophy, 2012*

終　章
【史料】
「各国変災並救護関係雑件 第三巻 一〇、南加震災関係」JACAR（アジア歴史資料センター）Ref.B04013297600、各国変災並救護関係雑件　第三巻（I-6-0-0-2_003）（外務省外交史料館）
東京震災記念事業協会清算事務所編『被服廠跡　東京震災記念事業協会事業報告』（東京震災記念事業協会清算事務所、一九三二年）
【著書・論文】
高野宏康「「震災の記憶」の変遷と展示　復興記念館および東京都慰霊堂収蔵・関東大震災関係資料を中心に」（『年報非文字資料研究』六、二〇一〇年）
武村雅之、前掲『関東大震災を歩く』
同愛記念病院財団編『九〇年の軌跡』（同愛記念病院財団、二〇一五年）
水出幸輝『〈災後〉の記憶史　メディアにみる関東大震災・伊勢湾台風』（人文書院、二〇一九年）
【その他】
アメリカ地質調査所ウェブサイト、M6.4 March 10, 1933 Long Beach, California Earthquake、https://www.usgs.gov/programs/earthquake-hazards/science/m64-march-10-1933-long-beach-california-earthquake

主要図版出典

国立国会図書館　一六二、一七七、一九七頁

1925	14	4	治安維持法公布
		5	兵庫県北部で北但馬地震
1927	昭和2	3	京都府北西部で北丹後地震
		3	震災手形の処理をめぐって金融恐慌勃発
1928	3	7	大阪で日本初の都市防空演習
1929	4	6	東京同愛記念病院落成
		10	世界恐慌勃発
1930	5	3	帝都復興祭
		4	ロンドン海軍軍縮条約調印
		9	震災記念堂（のち東京都慰霊堂）落成
1931	6	9	満洲事変勃発
1933	8	3	昭和三陸地震津波
		3	アメリカ・ロングビーチ地震
		3	日本、国際連盟からの脱退を通告
1934	9	3	函館大火
		9	室戸台風
1937	12	7	日中戦争勃発
1938	13	7	阪神大水害
1941	16	12	ハワイ真珠湾攻撃
1945	20	3	東京大空襲
		8	敗　戦

災害の日本近代史 関連年表

年	月		出来事
1902	明治35	5	フランス領マルティニーク島プレー山噴火
1904	37	2	日露戦争開戦
1905	38	9	ポーツマス条約調印
		秋	東北大凶作
1906	39	4	アメリカ・サンフランシスコ地震
		秋	中国中部で飢饉
1908	41	6	中国広東で水害
		12	イタリア・メッシーナ地震
1910	43	1	パリ大洪水
		5	大逆事件の検挙開始
		8	関東大水害
		8	韓国併合条約調印
		12	中国中部で飢饉
1913	大正2	秋	北海道・東北大凶作
1914	3	1	桜島大正噴火
		3	秋田県南部で仙北地震
		7	第一次世界大戦勃発
1917	6	9-10	東京湾台風
1918	7	8	米騒動
1919	8	3	三・一独立運動
		6	ヴェルサイユ条約調印
1921	10	11	ワシントン会議開会
1923	12	9	関東大震災
		12	虎ノ門事件
1924	13	5	アメリカで排日移民法成立

土田宏成（つちだ・ひろしげ）

1970（昭和45）年千葉県生まれ．94年東京大学文学部卒業．2000年東京大学大学院人文社会系研究科日本文化研究専攻博士課程単位取得退学．02年博士（文学）．神田外語大学外国語学部教授などを経て，19年より聖心女子大学現代教養学部史学科教授．専攻・日本近代史．

著書『近代日本の「国民防空」体制』（神田外語大学出版局，2010年）
『帝都防衛　戦争・災害・テロ』（吉川弘文館，2017年）

編著『日記に読む近代日本４　昭和前期』（吉川弘文館，2011年）

共編著『関東大水害　忘れられた1910年の大災害』（日本経済評論社，2023年）
ほか

災害《さいがい》の日本近代史《にほんきんだいし》
中公新書 *2762*

2023年７月25日発行

著　者　土田宏成
発行者　安部順一

本文印刷　暁　印　刷
カバー印刷　大熊整美堂
製　　本　小泉製本

発行所　中央公論新社
〒100-8152
東京都千代田区大手町1-7-1
電話　販売　03-5299-1730
　　　編集　03-5299-1830
URL https://www.chuko.co.jp/

Published by CHUOKORON-SHINSHA, INC.
Printed in Japan　ISBN978-4-12-102762-7 C1221

中公新書

日本史

d4

- 2107 近現代日本を史料で読む　御厨貴編
- 2554 日本近現代史講義　山内昌之・細谷雄一編著
- 2719 近代日本外交史　佐々木雄一
- 1836 華族　小田部雄次
- 2379 元老—近代日本の真の指導者たち　伊藤之雄
- 2492 帝国議会—西洋の衝撃から誕生までの格闘　久保田哲
- 840 江藤新平（増訂版）　毛利敏彦
- 2051 伊藤博文　瀧井一博
- 2618 板垣退助　中元崇智
- 2550・2551 大隈重信（上下）　伊藤之雄
- 2212 近代日本の官僚　清水唯一朗
- 2294 明治維新と幕臣　門松秀樹
- 2483 明治の技術官僚　柏原宏紀
- 561 明治六年政変　毛利敏彦
- 1927 西南戦争　小川原正道
- 2320 沖縄の殿様　高橋義夫
- 252 ある明治人の記録（改版）　石光真人編著
- 161 秩父事件　井上幸治
- 2270 日清戦争　大谷正
- 1792 日露戦争史　横手慎二
- 2605 民衆暴力—一揆・暴動・虐殺の日本近代　藤野裕子
- 2712 韓国併合　森万佑子
- 2509 陸奥宗光　佐々木雄一
- 2141 小村寿太郎　片山慶隆
- 2660 原敬　清水唯一朗
- 881 後藤新平　北岡伸一
- 2393 シベリア出兵　麻田雅文
- 2269 日本鉄道史　幕末・明治篇　老川慶喜
- 2358 日本鉄道史　大正・昭和戦前篇　老川慶喜
- 2530 日本鉄道史　昭和戦後・平成篇　老川慶喜
- 2640 鉄道と政治　佐藤信之
- 2762 災害の日本近代史　土田宏成